Marketing:
Novas Tendências

CB021646

www.editorasaraiva.com.br

MARKETING EM TEMPOS MODERNOS

ORGANIZADOR

Marcos Rocha

AUTORES

Dennis Reade

Jeferson Mola

Marcos Rocha

Sérgio Ignacio

Marketing:
Novas Tendências

Editora
Saraiva

ISBN 978-85-02-63885-3

Editora Saraiva

Rua Henrique Schaumann, 270
Pinheiros – São Paulo – SP – CEP: 05413-010
PABX (11) 3613-3000

SAC
0800-0117875
De 2ª a 6ª, das 8h30 às 19h30
www.editorasaraiva.com.br/contato

Diretora editorial	Flávia Alves Bravin
Gerente editorial	Rogério Eduardo Alves
Planejamento editorial	Rita de Cássia S. Puoço
Editoras	Ana Laura Valerio
	Patricia Quero
Assistente editorial	Marcela Prada Neublum
Produtores editoriais	Alline Garcia Bullara
	Amanda Maria da Silva
	Daniela Nogueira Secondo
	Deborah Mattos
	Rosana Peroni Fazolari
	William Rezende Paiva
Comunicação e produção digital	Nathalia Setrini Luiz
	Mauricio Scervianinas
	de França
Suporte editorial	Juliana Bojczuk
Produção gráfica	Liliane Cristina Gomes

Preparação	Silvia Mourão
Revisão	Ana Maria Fiorini
	Bárbara Peroni Fazolari
Diagramação	Negrito Produção Editorial
Capa	Silvia Kirihara
Impressão e acabamento	Ed. Loyola

DADOS INTERNACIONAIS DE CATALOGAÇÃO NA PUBLICAÇÃO (CIP)
ANGÉLICA ILACQUA CRB-8/7057

Rocha, Marcos
  Marketing: novas tendências / Marcos Rocha (autor e organizador); Dennis Reade, Jeferson Mola, Sérgio Ignacio. – São Paulo: Saraiva, 2015.
  (Marketing em Tempos Modernos)

  Bibliografia
  ISBN 978-85-02-63885-3

  1. Marketing I. Título II. Reade, Dennis III. Mola, Jeferson IV. Ignacio, Sérgio

15-1138   CDD 658.8
                                         CDU 658.8

Índices para catálogo sistemático:
1. Marketing

Copyright© Marcos Rocha (Org.), Dennis Reade, Jeferson Mola, Sérgio Ignacio.
2016 Saraiva Educação.
Todos os direitos reservados

1ª edição

383.025.001.001

Dedicamos este livro da coleção Marketing em Tempos Modernos a todos estudantes e profissionais de marketing que através de seu trabalho dão vida e movimento aos mercados.

MARCOS ROCHA

Sobre os autores

Marcos Donizete Ap. Rocha (Org.) Graduou-se em Administração de Empresas com ênfase em Comércio Exterior. Logo em seguida, especializou-se em Marketing de Serviços, Negociação e Marketing de Relacionamento pela Fundação Getulio Vargas (FGV), onde também concluiu o Programa de MBA em Marketing Estratégico. Em 2011, finalizou o curso de Negociação pela Harvard University, Cambridge, Estados Unidos. Em 2012, tornou-se Mestre em Comunicação. Na área de Educação a Distância, concluiu o programa de EAD – Docência pela FGV. Possui mais de 18 anos de experiência na área de Administração Empresarial, tendo ocupado diversos cargos executivos em sua trajetória profissional dentro de empresas multinacionais. Atualmente, é autor universitário, consultor, professor e coordenador em programas de MBA e graduação em Marketing.

Dennis Vincent Reade Doutorando em Administração com foco em Marketing pela Walden University, Estados Unidos; mestre e bacharel em Administração. Sua linha de pesquisa envolve liderança, marketing e responsabilidade social corporativa. Fez diversos cursos de extensão em Marketing e Finanças nos Estados Unidos. É diretor acadêmico de instituição de ensino superior. Possui mais de 35 anos de experiência profissional em posições de gerência ou direção em empresas multinacionais.

Jeferson Luís Mola Especialista com mais de 20 anos de experiência nas áreas de Marketing e Administração, é graduado em Comunicação Social com ênfase em Publicidade e Propaganda pela Escola de Comunicações e Artes da Universidade de São Paulo (ECA-USP) e pós-graduado em Administração Mercadológica pela Escola Superior de Propaganda e Marketing (ESPM-SP). Possui MBA em Marketing pela Fundação Instituto de Administração da Faculdade de Economia e Administração da Universidade de São Paulo (FIA-USP) e é mestre em Hospitalidade. Atua como consultor associado à DirectBiz Consultants; é professor e coordenador em programas de MBA e graduação em Marketing.

Sérgio Luís Ignacio de Oliveira Administrador de Empresas com ênfase em Finanças Empresariais; pós-graduado em Administração de Empresas e Administração de Marketing; Mestre, Doutor e Pós-Doutor em História da Ciência (História do Marketing). Trabalhou por mais de 20 anos em empresas de vários ramos de atividade, nas áreas de Finanças, Administração de Materiais, PCP e Administração de Vendas e Marketing. É professor em programas de MBA e graduação em Marketing, consultor, palestrante e autor de livros na área de Marketing.

Apresentação

Quando falamos de novas tendências de marketing, deparamos com um assunto complexo, pois quase que diariamente surgem novas estratégias ou, até certo ponto, "modismos" com o intuito de melhorar o relacionamento entre as empresas e seus clientes. Assim, em meio a tantas estratégias, é preciso que os profissionais de marketing tenham um olhar crítico a fim de identificar o que realmente é útil para as empresas.

Neste volume da coleção Marketing em Tempos Modernos, nosso principal objetivo é abordar temas emergentes no mundo do marketing, como neuromarketing, storytelling, branding sensorial, marketing lateral, gestão da complexidade e abordagem contingencial em marketing.

Após sua leitura, os profissionais terão condições de identificar algumas das principais tendências de marketing, bem como suas características, além de compreender a importância e a aplicabilidade de cada uma tanto para equacionar problemas como para aproveitar oportunidades que surgem no dia a dia das empresas.

Acredito que esse conhecimento contribuirá positivamente para que os profissionais possam refletir sobre uma maneira diferente de ver o marketing. Os novos insights que irão alcançar serão úteis na construção de grandes empresas, proporcionando a elas um desenvolvimento sustentável e responsável.

Esta obra inovadora conta com a descrição de cases, além de recursos interativos, como QR Codes, que rompem as barreiras do conhecimento, levando o leitor a uma verdadeira viagem sem limites nem fronteiras.

Marcos Rocha

Sumário

Neuromarketing

APRESENTAÇÃO

O grande desafio dos profissionais de marketing é entender o que se passa na cabeça do consumidor e por que algumas estratégias conseguem obter sucesso, enquanto outras, mesmo aplicadas de acordo com o auxílio dos mais modernos manuais de marketing, acabam por fracassar. É preciso ter em mente que, embora já tenhamos avançado bastante na compreensão do comportamento do consumidor, ainda existem áreas do cérebro que precisam ser desbravadas e que certas emoções do consumidor, induzidas por estratégias de marketing, não podem ser verbalizadas, o que dificulta ações posteriores. Frente a tais desafios, apresentamos neste capítulo a técnica do neuromarketing. Resultado de estudos avançados de pesquisa, o neuromarketing procura investigar o que se passa dentro da caixa-preta que é a mente do consumidor.

Ao final deste capítulo, você conhecerá o conceito de neuromarketing, suas ferramentas de pesquisa e sua importância para as empresas, pois essa é uma técnica que ajuda a entender com maior precisão o comportamento do consumidor frente aos mais diversos estímulos. Você também conhecerá os resultados de algumas pesquisas de neuromarketing para poder utilizá-los em situações correlatas do mercado.

POR DENTRO DA MENTE DO CONSUMIDOR

Entender o comportamento do consumidor, mais precisamente o que se passa em sua cabeça, sempre foi o Santo Graal dos estudos de marketing. Desde sua concepção moderna, na década de 1950, como o estudo dos processos empresariais que visam satisfazer as necessidades e os desejos dos consumidores, os pesquisadores buscam entender como os consumidores compram, quais são suas ações pós-compra e como usam, escolhem e descartam determinados produtos, a fim de criar, assim, condições de lhes entregar a melhor oferta.

Em outras palavras, trata-se de entender o que se passa nessa caixa-preta que é o cérebro do consumidor e, a partir dessa compreensão, analisar com maior propriedade como ele reage a determinados estímulos mercadológicos, identificando como suas necessidades podem ser estimuladas em seu cérebro e despertadas no momento adequado para levá-los à compra.

Com base em estudos do comportamento do consumidor, sabemos que os clientes de uma organização são levados a adquirir um produto no momento em que sentem um desequilíbrio entre a situação atual e a desejada. O grande desafio dos profissionais de marketing, portanto, é entender como se dá esse processo. Muitas pesquisas já foram realizadas a fim de compreender esse desequilíbrio momentâneo que gera uma necessidade nos consumidores, motivando-os a comprar um produto para satisfazer esse incômodo apelo interno que denominamos necessidade ou desejo. No entanto, estamos apenas no início desse entendimento e, a cada dia que passa, com os novos avanços tecnológicos, surgem novas metodologias de pesquisa que nos permitem entender com maior precisão o que se passa na mente dos consumidores e como determinados estímulos influenciam seu comportamento.

> **Entender o comportamento do consumidor, mais precisamente o que se passa em sua cabeça, sempre foi o Santo Graal dos estudos de marketing.**

Saber, por exemplo, que o preço é um fator determinante no momento da compra pode significar o sucesso ou o fracasso de uma campanha de marketing, ainda mais quando estamos cientes de sua influência no comportamento de compra e de como a escolha inequívoca de uma política de preços pode afetar a percepção dos consumidores. Uma pesquisa recente realizada nos Estados Unidos – o famoso experimento do vinho – demonstra a importância do fator preço no momento da decisão de compra.

Estudantes foram convocados a escolher entre dois vinhos qual tinha sabor melhor. Para isso, foram apresentadas duas garrafas de vinho, uma com preço de US$ 10 e outra de US$ 90. Após as degustações, a grande maioria dos pesquisados mencionou que o de preço maior tinha melhor sabor. Tratava-se, porém, do mesmo vinho, apenas em garrafas diferentes e, naturalmente, a dois preços diferentes. Isso mostrou que o preço tem uma forte capacidade de transmitir uma percepção de qualidade, o que pode definir o sucesso de uma estratégia de marketing. Nossa crença é que preço alto significa qualidade alta e, consequentemente, preço baixo, qualidade baixa.

> **O consumidor é um ser complexo e, sem dúvida, entender o que ele pensa é uma tarefa árdua.**

O consumidor é um ser complexo e, sem dúvida, entender o que ele pensa é uma tarefa árdua. Muitas vezes ele menciona que compraria o produto ao ser abordado em uma pesquisa, mas, no momento de efetivamente realizar a compra, as vendas não demonstram a preferência apontada nas pesquisas. Isso se deve à lacuna entre gostar e comprar, algo que, em entrevistas tradicionais (não estamos pregando o fim das pesquisas tradicionais; pelo contrário, elas são muito eficazes dependendo do objetivo proposto), constitui um conjunto de percepções não captadas e que os consumidores não conseguem expressar no momento da compra.

Muitas vezes, em entrevistas de *focus group*,[1] os consumidores, pelo fato de quererem se mostrar superiores aos seus pares, não apresentam um comportamento representativo de seu dia a dia, ou seja, muitas vezes – mesmo sem intenção – enganam os pesquisadores. Também podem simplesmente querer se livrar das perguntas e receber o incentivo prometido. Ou talvez não queiram que o pesquisador perceba que têm alguns comportamentos inapropriados; por exemplo, a mãe a quem se pergunta se todo dia oferece legumes e vegetais nas refeições dos filhos muito possivelmente não dirá que, por falta de tempo, não consegue, por mais que queira, proporcionar uma alimentação adequada à família.

Algumas pesquisas tradicionais, como todos os instrumentos de pesquisa dotados de forças e fraquezas, não conseguem em certas situações alcançar uma resposta adequada para determinado problema. Por isso, cada vez mais existe a necessidade de assegurar maior assertividade. Uma vez que os investimentos destinados a uma estratégia de marketing tornam-se cada vez mais volumosos, a exigência de retorno também cresce na mesma intensidade.

Algumas pesquisas tradicionais, como todos os instrumentos de pesquisa dotados de forças e fraquezas, não conseguem em certas situações alcançar uma resposta adequada para determinado problema.

Recorrendo a estudos de mercado cada vez mais sofisticados, baseados em várias metodologias pertencentes a diversas áreas de conhecimento, como psicologia, sociologia e antropologia, os profissionais de marketing buscam obter um melhor entendimento do que se passa na cabeça dos consumidores e, portanto, chegar a respostas mais efetivas. Agora, o novo campo de interesse dos estudos em marketing nasceu das neurociências. No neuromarketing, o entendimento dos estímulos não verbais que atingem os consumidores pode ajudar os profissionais da área de marketing a entender o comportamento dos consumidores.

O entendimento produzido pelo neuromarketing possibilita mapear os comportamentos do consumidor em situações que escapam aos

---

1. *Focus group* ou "grupo focal" é uma técnica de pesquisa de mercado qualitativa, na qual se emprega a discussão moderada entre os participantes no sentido de obter respostas de mercado, de produtos ou de comportamentos de compra. Os participantes são incentivados a expressar suas opiniões de forma espontânea, e os pesquisadores, assim, podem obter as informações necessárias para responder ao seu problema de pesquisa.

instrumentos tradicionais. Um exemplo da nova tendência foi o trabalho desenvolvido para a prefeitura de São Paulo em relação à importância da faixa de pedestres na vida dos cidadãos paulistanos. Em estudos realizados pela Fundação Getulio Vargas (FGV), por meio de seu laboratório de neuromarketing, mapeou-se o comportamento dos pedestres ao atravessar a rua e se constatou que, durante a travessia, as pessoas olham para todos os lados, menos para a faixa de pedestres.

Provavelmente, esses resultados não poderiam ser obtidos por meio de pesquisas tradicionais, porque os entrevistados naturalmente iriam alegar que sempre olham para a faixa de pedestres, seja para não mostrar um comportamento inadequado, seja para demonstrar que são conscientes dos perigos nas grandes cidades. Com esses dados, foi possível à prefeitura identificar uma tendência comportamental e assim direcionar suas estratégias no sentido de criar várias campanhas para conscientizar a população da importância da faixa de pedestres. São estudos como esse que permitem ao profissional de marketing uma melhor adaptação de suas estratégias mercadológicas.

Essa campanha foi desenvolvida com o uso das metodologias de pesquisa de neuromarketing:

Os estudos em neuromarketing começaram a ganhar espaço no mercado na década de 1990, com os trabalhos de Gerald Zaltman da Universidade de Harvard. Usando a metodologia neurocientífica aplicada ao marketing, ele criou uma técnica que denominou de ZMET (*Zaltman Metaphor Elicitation Technique*).

Uma das vantagens que tornam o neuromarketing uma importante ferramenta de marketing é possibilitar maneiras diferenciadas e mais precisas de avaliar as estratégias mercadológicas das organizações. Em um mercado no qual os produtos estão cada vez mais semelhantes e em igualdade de condições competitivas, devido ao fato de a tecnologia tê-los tornado mais acessíveis, é necessário entender os motivos que levam os consumidores a preferir determinadas marcas disponíveis.

Outro fator que torna as técnicas de neuromarketing importantes para os estrategistas mercadológicos é a constatação de que a maioria das decisões de compra é emocional. Segundo teóricos comportamentais, quase 95% das decisões de compra são tomadas no subconsciente, ou seja, no "piloto automático". Por que então a grande maioria das empresas ainda insiste em vender para os 5% que tomam decisões pautadas pela lógica? Assim, até por uma questão de economia, devemos entender de que maneira as decisões são construídas no subconsciente e vender para os 95% do cérebro que tomam suas decisões em bases emocionais e que, portanto, têm dificuldade de expressar sentimentos de maneira lógica.

Segundo estudos comportamentais, cerca de 85% das nossas reações são totalmente inconscientes; portanto, não conseguimos verbalizá-las com lógica. Agora, os estudos em neuromarketing permitem que analisemos reações, expressões, ondas cerebrais e batimentos cardíacos para identificar elementos mais sutis dos processos de escolha, elementos que jamais foram descobertos pelos estudos tradicionais, por exemplo, sobre o impacto do preço nas decisões de compra.

Segundo teóricos comportamentais, quase 95% das decisões de compra são tomadas no subconsciente, ou seja, no "piloto automático". Por que então a grande maioria das empresas ainda insiste em vender para os 5% que tomam decisões pautadas pela lógica?

Muitos já mencionaram que o preço é um fator importante e determinante na compra, ainda mais no cenário difícil da economia pelo qual passamos, que proporciona aos consumidores uma clara noção do significado do preço ou de seu impacto no orçamento. Nós sempre ouvimos que o preço dói, não é mesmo? E o mais interessante é que dói mesmo. Dooley, em seu livro *Como influenciar a mente do consumidor*, destaca que estudos de neuromarketing realizados na Universidade de Carnegie Mellon e em Stanford, com aparelhos de imagem por ressonância magnética funcional (IRMf), descobriram que um preço alto ativa partes do cérebro ligados à dor, ou seja, quando verificamos um valor elevado gasto em uma transação comercial, o que sentimos é realmente dor não apenas em sentido figurado, mas com as mesmas repercussões físicas.

A título de exemplo de como os resultados das pesquisas em neuromarketing podem nos ajudar a tomar decisões mercadológicas, existem algumas estratégias que podem ser usadas para minimizar a dor. É o caso, por exemplo, dos pacotes. Isso ocorre com as agências de viagens que oferecem um preço

Para saber um pouco mais sobre Dooley:

completo pelo pacote de serviços, assim como com as concessionárias de automóveis que vendem seus carros com todos os adicionais. Se essas empresas fossem cobrar separadamente cada um dos componentes do produto, os consumidores sentiriam dor em cada uma das fases, o que prolongaria o sofrimento; assim, quando é oferecido o pacote completo, a sensação de dor relacionada ao preço tem impacto menor no cérebro dos consumidores.

Outra possibilidade de minimizar a sensação de dor relacionada ao preço é o uso do crédito. Quando compramos com o cartão de crédito não percebemos, ou sentimos, o valor saindo do nosso bolso. Assim, para nos esquivar dessa sensação de dor relacionada a uma compra, são propostas essas "armadilhas". Esse é o neuromarketing em prática, oferecendo o entendimento do que se passa na cabeça do consumidor. Os resultados que vêm sendo obtidos com as pesquisas tornam-se cada vez mais importantes diante da dificuldade crescente de entender consumidores mais sofisticados, e também devido ao reconhecimento das limitações de outros instrumentos usados para pesquisar o que os consumidores realmente desejam.

Essas limitações podem ser identificadas, por exemplo, no lançamento de produtos. Conforme informa Zaltman, em seu livro *Afinal, o que os clientes querem?*, aproximadamente 80% de todos os novos produtos e serviços fracassam em seis meses ou ficam abaixo do desempenho esperado em termos de vendas e lucros.

Em 2005, mais de 156 mil novos produtos chegaram às lojas em todo o mundo, o equivalente a um novo lançamento a cada três minutos; porém, apenas entre produtos de consumo, 52% das novas marcas e 75% dos produtos individuais fracassam.

Também Lindstrom, em seu livro *A lógica do consumo*, destaca que oito em cada dez produtos lançados nos Estados Unidos estão fadados ao fracasso. Como exemplo, menciona que, em 2005, mais de 156 mil novos produtos chegaram às lojas em todo o mundo, o equivalente a um novo lançamento a cada três minutos; porém, apenas entre produtos de consumo, 52% das novas marcas e 75% dos produtos individuais fracassam. Diante disso, não surpreende que novas tecnologias de pesquisa sejam procuradas pelos especialistas em busca de técnicas mais precisas de entendimento do comportamento do consumidor.

A questão que permanece é: por que esses produtos falham? Talvez porque não saibamos ver as respostas dos consumidores.

É PRECISO TER EM MENTE QUE, MUITAS VEZES, OS CONSUMIDORES NÃO CONSEGUEM VERBALIZAR SUA PREFERÊNCIA PELOS PRODUTOS OU PELAS MENSAGENS DE MARKETING. POR ISSO, AS ORGANIZAÇÕES PRECISAM CONHECER MAIS A FUNDO A MENTE DOS CONSUMIDORES PARA ENTENDER ESSE PROCESSO.

ENTÃO, O QUE É NEUROMARKETING?

Para entender com mais propriedade o que se passa na cabeça dos consumidores, os pesquisadores em marketing começaram a usar metodologias das neurociências aplicadas à sua área de atuação. Assim, podemos conceituar neuromarketing como um instrumento de pesquisa que une os estudos neurocientíficos e o marketing para compreender os processos cerebrais dos consumidores e proporcionar maior eficácia às estratégias mercadológicas. O neuromarketing reúne técnicas de pesquisa usadas para avaliar a reação de diferentes áreas cerebrais aos estímulos de marketing de uma empresa.

É preciso ter em mente que, muitas vezes, os consumidores não conseguem verbalizar sua preferência pelos produtos ou pelas mensagens de marketing. Por isso, as organizações precisam conhecer mais a fundo a mente dos consumidores para entender esse processo. Entender, por exemplo, que expor uma grande variedade de produtos, que a princípio seria a melhor alternativa para os consumidores por oferecer mais opções de compra, pode não ser a melhor estratégia. Uma grande quantidade de escolhas disponíveis aos consumidores causa a famosa fadiga da escolha. Quando são expostas muitas opções, o cérebro cansa por ter de filtrá-las, e muitas vezes a pessoa desiste da compra. Portanto, é preciso reduzir as opções. Em algumas situações, menos é mais.

Em suma, podemos dizer que o neuromarketing consiste em técnicas que estudam as emoções e sensações que os consumidores não conseguem verbalizar em pesquisas tradicionais e, assim, possibilita compreender o que se passa na mente dos consumidores, identificando suas reais necessidades quando são alvo de estratégias mercadológicas.

Agora, para que possamos aprofundar um pouco mais nosso conhecimento sobre neuromarketing, abordaremos as principais técnicas usadas pelos pesquisadores da área.

AS TÉCNICAS DE NEUROMARKETING

Ao abordar as principais técnicas usadas em estudos de neuromarketing, Peruzzo destaca em seu livro *As três mentes do neuromarketing* o uso da **imagem por ressonância magnética funcional (IRMf)**. Segundo o autor, essa é, sem dúvida, a tecnologia mais avançada para estudos e experimentos no campo do marketing, devido à capacidade da IRMf de monitorar e capturar imagens em alta resolução de atividades cerebrais, não apenas na camada superficial, como ocorre com o eletroencefalograma, mas em áreas mais profundas do cérebro.

O funcionamento básico da ressonância magnética funcional tem como princípio analisar o comportamento do sangue que carrega o oxigênio dos pulmões, diferentemente do sangue que já liberou o oxigênio para as células. O autor afirma que temos um sangue rico em oxigênio e outro pobre em oxigênio, e que ambos, quando registrados pela IRMf, apresentam comportamentos diferentes. Assim, pode-se conhecer o fluxo e o volume do sangue, identificando os locais com maior atividade sanguínea, o chamado sinal Bold (nível de oxigênio no sangue). Esse tipo de exame foi usado em um dos casos mais emblemáticos da guerra das Colas – o Desafio Pepsi – para entender o comportamento do consumidor.

Como funciona o IRMf:

No início da década de 1980, a Pepsi, a maior rival da Coca-Cola, estava conquistando percentuais significativos de participação de mercado. Uma de suas estratégias mercadológicas foi o Desafio Pepsi, que consistia na apresentação de um teste cego no qual os consumidores experimentavam (tomavam um gole) dois tipos de refrigerante sem saber qual era a marca que estavam experimentando. O teste provou que 57% dos pesquisados preferiram a Pepsi por ter um gosto melhor.

Apesar de questionar os resultados, a Coca-Cola realizou várias pesquisas que confirmaram os dados da concorrente. Para reverter a situação, modificou sua fórmula centenária e, em novos testes, conseguiu reverter os resultados iniciais superando a rival em 7 pontos percentuais. Com a validação da pesquisa, lançou com o estardalhaço que a marca merece seu produto de sabor mais adocicado, mais próximo do padrão da Pepsi, a New Coke.

O resultado foi decepcionante. A grande maioria dos consumidores não aceitou tal mudança. Como poderiam modificar o sabor de seu produto tradicional? Que direito tem uma empresa de mudar um produto que é um ícone dos norte-americanos, um produto que sempre esteve presente nos momentos mais marcantes da história do país? Numa *época em que o e-mail ainda não existia*, a sede da companhia em Atlanta ficou abarrotada de cartas de seus fiéis consumidores, exigindo a volta da

Coca-Cola tradicional. Devido a essa repercussão, a empresa recolheu todos os produtos do mercado e voltou à boa e velha Coca-Cola, agora com a já tradicional tarja *Classic*.

Em *A lógica do consumo*, Lindstrom relata que, em 2003, o dr. Read Montague, da Faculdade Baylor de Medicina, realizou o mesmo teste cego dos anos 1980. A diferença agora é que existia um aparelho de ressonância magnética para monitorar o cérebro dos 67 pesquisados. Os resultados foram praticamente iguais aos do estudo original, mas quando o pesquisador mostrou aos pesquisados o que estavam bebendo, os resultados mudaram: 75% preferiram a Coca-Cola. Com o monitoramento cerebral, duas partes do cérebro estavam participando de um cabo de guerra entre o pensamento racional e o lado emocional. Nesse embate, a Coca-Cola venceu todas as associações positivas ligadas à marca: história, logomarca, cor, design e aroma. A conclusão do autor é que o lado emocional associado à Coca-Cola derrotou a preferência racional do sabor da Pepsi. E é por meio das emoções que o cérebro codifica aquilo que tem valor e registra a marca que nos cativa.

> **Venda para o lado emocional do cérebro. Por mais que os consumidores declarem que suas compras são racionais, é a emoção que prevalece. Quando mencionam que realizam extensas pesquisas e comparações, esse esforço serve apenas para validar uma decisão que já foi tomada pelo seu lado emocional do cérebro.**

Esse caso mostra a importância dos resultados das pesquisas em neuromarketing para os gestores mercadológicos. Como já mencionamos, venda para o lado emocional do cérebro. Por mais que os consumidores declarem que suas compras são racionais, é a emoção que prevalece. Quando mencionam que realizaram extensas pesquisas e comparações, esse esforço serve apenas para validar uma decisão que já foi tomada pelo seu lado emocional no cérebro.

Para Lindstrom, a IRMf é a mais avançada técnica de rastreamento cerebral disponível atualmente. Com ela podem-se medir as propriedades magnéticas da hemoglobina, o componente dos glóbulos vermelhos do sangue que transporta oxigênio no corpo, e a quantidade de sangue oxigenado no cérebro, identificando com precisão até uma área de apenas um milímetro. Portanto, quando uma parte do cérebro está sendo usada, essa região se acende em vermelho-fogo, e os neurocientistas podem verificar quais áreas específicas do cérebro estão ativas em determinado momento.

Sendo uma das opções mais apuradas de pesquisa, ela proporciona dados surpreendentes. Lindstrom relata que estudou fumantes por meio de aparelhos de IRMf e verificou que os rótulos com advertência contra o fumo estimulavam áreas referentes ao desejo de fumar. Os rótulos, que deveriam inibir o fumo, acabavam estimulando um comporta-mento indesejável.

Um pouco mais sobre neuromarkering:

Também cabe destacar o relato de Dooley sobre um estudo realizado na Alemanha. Os pesquisa-dores mostraram aos participantes uma série de imagens de marcas familiares, famosas, além de outras conhecidas, enquanto analisavam sua ati-vidade cerebral por meio da IRMf. Os resultados do experimento provaram o poder das marcas junto aos consumidores. As marcas fortes acenderam no cérebro áreas associadas a emoções positivas, recompensas e autoiden-tificação. As marcas fracas, por sua vez, acenderam áreas associadas com a memória. Segundo a interpretação de Dooley, talvez o cérebro estivesse tentando lembrar se já havia visto alguma vez aquela marca, e provavelmente se, em alguma situação, houve emoções negativas associadas a tal empresa.

Apesar das vantagens aparentes para os profissionais de marketing, que então podem tanto entender melhor o comportamento do consu-midor como também áreas mais profundas da mente dos clientes, esse procedimento é restrito a grandes corporações. Peruzzo destaca que essa restrição se deve ao fato de a máquina de IRMf custar entre US$ 500 mil e US$ 2 milhões, sem con-tar a atualização de software, que contém algorit-mos específicos de neuromarketing.

A IRMf pode custar entre US$ 500 mil e US$ 2 milhões, sem contar a atualização de software, que contém algoritmos específicos de neuromarketing.

Outra metodologia de neurociência aplicada ao marketing é a **atividade eletrodermal** que, se-gundo Peruzzo, o mundo científico conhece como EDA. Essa técnica de pesquisa tem por objetivo estudar alterações elétricas medidas na superfície da pele quando esta recebe sinais do cérebro, ou seja, a EDA procura medir altera-ções na temperatura da pele quando somos apresentados a estímulos mercadológicos, como uma marca, um produto ou uma mensagem publicitária.

Esse tipo de pesquisa ou exame parte do pressuposto de que o cérebro da maioria das pessoas, por exemplo, ao registrar uma excitação emocional, um aumento da carga de trabalho cognitivo ou um esforço físico, envia sinais para a pele que provocam um aumento da transpiração. Qualquer alteração de suor na pele, assim como o aumento da condutância elétrica, já é suficiente para ser medida com exatidão, por meio de um equipamento específico.

Outra técnica relevante é o **eletroencefalograma (EEG)**. O traçado que resulta da interação entre o ser humano e a máquina possibilita visualizar a atividade elétrica cerebral e certos aspectos psicológicos, como o estado de alerta ou de sonolência. Essa ferramenta é usada para gerar uma imagem da atividade elétrica do cérebro enquanto executa uma tarefa cognitiva. Para Peruzzo, o EEG permite identificar diferentes ondas cerebrais associadas a estados mentais como vigília, relaxamento, calma e sono leve e profundo.

Saiba um pouco mais sobre *eye tracking*:

Peruzzo também considera importante o ***eye tracking***, uma tecnologia de monitoramento ocular. Existem dois modelos. O primeiro, o *eye tracking* de mesa, possibilita uma mensuração mais aprimorada. Normalmente, são utilizados monitores ou projetores para visualizar os estímulos e as respostas nos locais onde o consumidor foca sua visão.

O segundo modelo, o *eye tracking* de óculos, em geral é usado para pesquisas com a pessoa em movimento, por exemplo, entre as gôndolas de supermercado ou para verificar como olha o painel de um carro enquanto dirige.

Essa metodologia foi usada pela empresa americana Kimberly-Clark para avaliar a embalagem de um novo modelo de fralda lançado em 2009. Antes de chegar ao mercado, o pacote passou pelo crivo de 300 mulheres. Os pesquisadores não perderam tempo com perguntas. Enquanto elas observavam o produto no laboratório da companhia, no estado americano de Wisconsin, o *eye tracking* rastreava o caminho das íris de cada uma delas.

A embalagem escolhida atraiu mais olhares para a informação de que o produto era feito de algodão orgânico e vitamina E, dado observado por 69% das entrevistadas. Com base nessas informações, a empresa modificou sua embalagem para dar mais ênfase aos atributos nos quais as mulheres concentraram sua atenção. Assim, conseguiram melhorar o desempenho comercial do produto quando este foi lançado.

Face reading, segundo Peruzzo, também pode ser considerada uma eficaz ferramenta de neuromarketing, uma vez que a nossa face é capaz de revelar emoções por meio de uma linguagem não verbal, demonstrando intenções, sentimentos e vontades que, em muitas situações, *não conseguimos explicar em uma pesquisa tradicional* ou que, em certos momentos, até tentamos esconder do entrevistador.

Essa tecnologia de mensuração de microexpressões faciais serve para identificar emoções como alegria, surpresa, tristeza, raiva, nojo e medo. Softwares específicos são o melhor modo de analisar as microexpressões faciais, que então servem de guia na análise de produtos tangíveis como catálogos de vendas, roupas, produtos eletrônicos, eletrodomésticos e calçados, e também para a análise de fragrâncias e aromas na busca do entendimento da melhor combinação entre esses dois fatores, estado emocional positivo ou negativo que determina a aceitação ou rejeição de um determinado produto.

Peruzzo menciona ainda outra técnica: os **perfis salivares**. Essa é uma maneira segura e não invasiva de entender os hormônios e avaliar seus níveis. Além da grande vantagem de não incomodar o usuário, oferece resultados confiáveis, é um exame aprovado e aceito pela comunidade científica e sua coleta pode ser feita fora do laboratório. Entre os diversos hormônios que podem ser mensurados por meio de um exame de saliva estão o DHEA, a testosterona, o cortisol, a estrona, o estradiol, a progesterona e a melatonina.

> **Nossa face é capaz de revelar emoções por meio de uma linguagem não verbal, demonstrando intenções, sentimentos e vontades que, em muitas situações, não conseguimos explicar em uma pesquisa tradicional ou que, em certos momentos, até tentamos esconder do entrevistador.**

Para saber um pouco mais sobre *face reading*:

Essas são algumas das principais técnicas usadas por laboratórios de neuromarketing para entender os consumidores. Vale ressaltar que, como muitas dessas pesquisas são onerosas, ainda permanecem restritas a grandes corporações. Porém, muitas descobertas são publicadas em obras e periódicos, o que nos permite aprender um pouco mais sobre o que se passa na mente dos consumidores. De posse dessas informações, podemos pensar em meios mais eficazes para elaborar estratégias de marketing. Passemos agora a algumas descobertas recentes dos estudos de neuromarketing.

> **Muitas descobertas são publicadas em obras e periódicos, o que nos permite aprender um pouco mais sobre o que se passa na mente dos consumidores. De posse dessas informações, podemos pensar em meios mais eficazes para elaborar estratégias de marketing.**

ALGUMAS DESCOBERTAS...

Como nem todas as empresas conseguem fazer uso das pesquisas em neuromarketing, o que podemos fazer – com base nos resultados apresentados em livros e periódicos – é melhorar o relacionamento com os consumidores e procurar estabelecer um diferencial competitivo no mercado. Com isso em mente, elencamos algumas descobertas recentes. Cabe salientar que, embora algumas estratégias aqui descritas possam parecer lógicas, somente agora é que as pesquisas estão confirmando com maior precisão informações que antes eram apenas incipientes.

> **Quando sua campanha publicitária ou seu produto é destinado aos homens, prefira trabalhar com *formas arredondadas*. Essa preferência masculina é uma herança biológica do cérebro reptiliano que inconscientemente enxerga em formas arredondadas estímulos relacionados a sexo, fertilidade, saúde e nutrição.**

Em um cardápio, por exemplo, qual é o **melhor preço** a ser apresentado ao consumidor? Um número com símbolo (R\$ 30,00); um número sem símbolo (30), ou o valor por extenso (trinta reais)? Dooley afirma que o melhor modo de dar a informação ao consumidor, ou seja, aquele que lhe causa a menor sensação de dor, é apenas o número sem o símbolo; nesse caso, 30. Isso ocorre porque nossa mente gosta de simplicidade e também porque o número simples, sem símbolos, transmite uma menor sensação de grandeza em termos monetários. Portanto, caso a legislação que sua empresa deve obedecer permita essa estratégia, use-a. Minimize a sensação de dor que os consumidores sentem quando lhes é apresentado o preço de um produto.

Quando sua campanha publicitária ou seu produto é destinado aos homens, prefira trabalhar com **formas arredondadas**. Essa preferência masculina é uma herança biológica do cérebro reptiliano que inconscientemente enxerga em formas arredondadas estímulos relacionados a sexo, fertilidade, saúde e nutrição. Já formas pontiagudas representam ameaça, como as lanças da época das cavernas. Essas heranças biológicas, por mais que não pertençam conscientemente ao nosso repertório de pensamento, ainda são determinantes na compra, principalmente se lembrarmos que 95% de nossas decisões de compra são tomadas de maneira subconsciente.

Ainda pensando em nossa **herança biológica**, por que, em geral as mulheres conversam mais do que os homens?[2] Simples: porque na época das cavernas as mulheres ficavam em casa (na caverna) cuidando dos filhos e conversando com outras mulheres, enquanto os homens saíam para caçar. As mulheres eram coletoras. Sua estrutura física era mais adequada à coleta de frutos. Essa tarefa complexa exigia delas serem detalhistas na escolha, porque um fruto envenenado poderia comprometer a família.

Nessa jornada em busca de alimento, a conversa entre as mulheres era natural, porque sempre saíam em grupo. Essas características, muito úteis em termos evolutivos, e ainda mantidas nos dias atuais, possibilitaram às mulheres desenvolver uma visão periférica apurada.

Por serem obrigadas a selecionar os frutos que colhiam elas se tornaram mais seletivas em suas escolhas. Essa herança pode ser notada ainda hoje. Quando as mulheres vão às compras costumam ter a companhia de outras mulheres, selecionam muito mais o que comprar e querem muitas, muitas opções antes de decidir. É justamente o que os homens detestam quando vão às compras com as mulheres, mas podemos entender que essas são características herdadas de suas ancestrais.

Já os homens possuem uma visão de túnel, centrada em seu objetivo. São diretos em suas escolhas no momento da compra. A origem milenar desse comportamento está no fato de as mulheres terem sido

---

2. Afirmações baseadas em: ARIELY, D. *Previsivelmente irracional*. Rio de Janeiro: Elsevier, 2008; CAMARGO, P. C. J. *Comportamento do consumidor*. São Paulo: Novas Ideias, 2010; CAMARGO, P. C. J. *Compro sim! Mas a culpa é dos hormônios*. São Paulo: Novas Ideias, 2013; DOOLEY, R. *Como influenciar a mente do consumidor*. Rio de Janeiro: Elsevier, 2012; KLARIC, J. *Estamos cegos*. São Paulo: Planeta do Brasil, 2012; LEHRER, J. *O momento decisivo*. São Paulo: BestBusiness, 2010; MILLER, G. *Darwin vai às compras*. São Paulo: BestBusiness, 2012; PERUZZO, M. *As três mentes do neuromarketing*. Porto Alegre: Alta Books, 2015.

coletoras enquanto os homens eram caçadores. Os homens tinham de falar pouco ou quase nada para não afugentar a caça. Escolhida a presa, só tinham olhos para ela. Direto assim. Essa herança continua viva neles. Quando um homem entra em uma loja parece um tubarão quando encontra sua presa. Vai direto ao produto e não quer a interrupção de nenhum vendedor. É o instinto do caçador ativado mais uma vez.

Esses instintos ainda fazem parte de nosso cotidiano porque foram cruciais para a nossa sobrevivência. Apesar de não precisarmos mais deles em nossa sociedade atual, esses instintos estão gravados em nosso DNA. Como são necessários milhares de anos para que nosso cérebro se modifique e se adapte à sociedade atual, ainda permaneceremos com esses comportamentos por muito tempo.

Estabeleça preços-âncora. Você já deve ter notado em muitos canais de venda na televisão que o apresentador começa a oferta de seu produto dando o preço de mercado. Por exemplo, se estiver vendendo um smartphone, começa dizendo que no mercado o preço nas melhores lojas do varejo é de R$ 1.500,00 – pronto, para nossa mente, esse é o preço adequado. Nosso subconsciente o assume como o preço real. Depois, o vendedor passa a elencar todos os atributos do seu produto e, no final, dá o seu preço: R$ 1.299,99. Para nós, esse valor já representa uma economia porque, com base no preço-âncora, realmente estamos economizando se pensarmos na dor do preço, essa é uma excelente estratégia de marketing para convencer os consumidores. Ela é eficaz, porque nosso cérebro precisa de comparações para facilitar as decisões.

Use papel para emocionar. Em épocas de sustentabilidade em alta, um conselho como esse pode parecer ultrajante, mas, por mais que tenhamos que economizar papel e usar cada vez mais as plataformas digitais como alternativa ecológica em nosso dia a dia, o que emociona mesmo é o papel. Com o que você ficaria mais feliz: um cartão de Natal digital ou um recebido pelo correio? Um diploma eletrônico ou um em papel adequadamente especial para uma ocasião especial?

Por mais que os meios digitais estejam em alta e essa modalidade de relacionamento seja algo sem volta, ainda somos mais propensos a nos emocionar com os apelos sensoriais que somente um objeto físico pode nos proporcionar. Também pelo fato de entendermos que, quando algo é físico, houve maior esforço para que esse produto chegasse até nós. Qual é a grande barreira que os livros digitais ainda enfrentam para o seu uso? A falta da sensação tátil, leia-se emoção, que os livros físicos transmitem. Portanto, com todo o devido respeito à natureza, verifique se em algumas situações você consegue usar papel para emocionar os seus consumidores. Mas sem excessos, por favor.

Ainda falando em papel, Dooley salienta o fator **peso**. Se o seu objetivo é transmitir seriedade, quanto mais pesado for o documento maior será a percepção de que esse documento é importante. Qual documento você acha que é mais sério: um contrato de 50 páginas ou um de 5? O documento de 50 páginas, sem dúvida alguma. Portanto, além de termos cuidado com a parte física do documento, é adequado dar uma atenção especial ao seu peso. Mais uma vez, temos as percepções sensoriais influenciando o comportamento de compra.

Porque o McDonald's ainda faz tanto sucesso mesmo com todos os dados informando os malefícios para a saúde causados por seus produtos? Ainda como **herança biológica**, procuramos suas lojas porque faz parte de nosso legado reptiliano instintivo que nossa alimentação seja muito calórica, a fim de podermos armazenar energia para atravessar períodos de uma eventual carência de alimentos. Nossos antepassados não tinham tantos alimentos à sua disposição como hoje, então precisavam de itens calóricos para garantir energia nos períodos em não houvesse comida suficiente. Não havia presas disponíveis a qualquer momento como hoje, que podemos nos fartar com as prateleiras de supermercado. Portanto, reclamamos do *fast-food*, mas esses locais sempre estão lotados e, como já explicamos, essas redes de lanchonetes ainda continuarão a fazer sucesso por muito tempo.

> **Faz parte de nosso legado reptiliano instintivo que nossa alimentação seja muito calórica, a fim de podermos armazenar energia para atravessar períodos de uma eventual carência de alimentos.**

O ***product placement*** funciona? Estamos falando das inserções de marcas em filmes, novelas ou livros. Você já deve ter assistido ao seriado *House*, não é mesmo? Já notou que o tênis dele é da Nike, o smartphone é da Apple e a cama dos pacientes é da Hill-Rom? Ou os carros no filme *Transformers*, que são da GM? E a moto do Capitão América no filme *Soldado Invernal*, que é da marca Harley-Davidson? Isso é *product placement*.

Basicamente, as empresas pagam para que suas marcas façam parte do conteúdo de programas voltados ao grande público. A estratégia de *product placement* visa ao aumento da conscientização (*brand awareness*) e pode afetar a atitude e o comportamento dos consumidores em relação à marca.

Hackley, Tiwsakul e Preuss afirmaram que uma prática comum era incluir especialistas em propaganda e publicidade na etapa de desenvolvimento criativo dos filmes. Assim, tinham condições de criar situações de uso das marcas que se integravam harmoniosamente à trama em momentos importantes do filme, os quais normalmente causavam um impacto positivo na audiência.

Esse destaque da marca permitia que a audiência registrasse uma lembrança de marca elevada (*brand recall*), porém, não raro, essa prática gerava uma reação negativa nos espectadores que percebiam a influência forçada do *product placement*, particularmente na ausência de um forte envolvimento com o filme.

Apesar da intensa utilização dessa estratégia, sempre existiu certa dúvida quanto a sua eficácia, até que os estudos de Lindstrom mostraram que, sim, são eficazes e que as pessoas se lembram da marca e guardam-na em seu subconsciente. Porém, o autor destaca que, para serem eficazes, essas marcas devem estar integradas na história, e não simplesmente, como num passe de mágica, aparecer na cena. Deve existir uma sinergia entre a marca e o usuário, como a moto do Capitão América que esteve presente na Segunda Guerra Mundial. E cuidado com os excessos. Segundo os estudos de neuromarketing citados pelo autor, se muitas marcas forem apresentadas elas acabam perdendo a eficácia.

Quando presenciamos os gestos ou comportamentos de outras pessoas, temos a tendência natural de repetir os mesmos atos.

O neuromarketing objetiva entender como o cérebro do consumidor percebe as alternativas e como toma decisões. Uma preocupação constante desses especialistas é a ética, já que é importante desvencilhar o neuromarketing da ideia de que seja um recurso de manipulação para vender produtos desnecessários para o consumidor. Muitos devem se lembrar dos filmes de James Bond, o 007, o espião mais sedutor das telas. Ele ajudou a fortalecer a imagem de bons relógios, assim como estimulou a compra de automóveis esportivos da Aston Martin, principalmente o modelo DB5.

Por outro lado, o *product placement* pode promover um produto que faz mal à saúde. No passado, quando a propaganda de cigarros era liberada no Brasil, muitos filmes e novelas traziam situações em que o protagonista principal era visto fumando. A ideia era mostrar como o cigarro fazia parte da personalidade vencedora do herói, estimulando o uso do produto pela imitação. Isso gerou muitas críticas à prática do *product placement*. Essa crítica aumentava quando a audiência do programa era constituída por pessoas vulneráveis, como crianças, consumidores de baixa renda e indivíduos a quem faltava maturidade emocional. Hoje, cientistas e especialistas em marketing podem usar o neuromarketing para avaliar a aceitação de uma marca após os consumidores terem sido expostos ao *product placement*.

Uma pergunta que ainda suscita dúvidas nos especialistas é: como determinar o número ideal de *product placements* em um filme ou uma novela? Como sabemos, muitos *product placements* em um mesmo contexto de mídia podem levar o consumidor a uma adaptação sensorial, o que reduz a eficácia dessa estratégia de marketing.

Trabalhe os **neurônios espelho**. Você sabe o que é um neurônio espelho? O que acontece quando presenciamos alguém bocejando? Ou até quando lemos a palavra "bocejo"? Bom, é possível que neste momento você esteja começando a bocejar, ou ao menos esteja se controlando para não fazer isso. Essa situação é fruto dos neurônios espelho, a base anatômica da empatia que todos nós, como seres humanos, possuímos: estamos falando da habilidade de nos colocar no lugar dos outros e quase sentir o que eles estão sentindo.

Segundo os estudos de neuromarketing, quando presenciamos certos gestos ou comportamentos de outras pessoas, temos a tendência natural de repeti-los. É isso que as campanhas publicitárias fazem ao apresentar atores se deliciando com um lanche ("Eu também quero", dizem os nossos neurônios espelho), ou uma atriz com um belo vestido ("Eu também posso me vestir assim"), ou um manequim em uma loja ("Também serve em mim"). São os neurônios espelho ativados em nosso subconsciente por

Veja um pouco de *product placement*:

estímulos que nos levam a comprar o produto ou, no mínimo, geram uma necessidade por meio dos estímulos do marketing que nos faz desejar ter aquele produto.

Os **bebês vendem**. Calma, não é bem o que parece. Não vamos colocar as crianças como representantes de vendas. Alguns estudos de neuromarketing descritos na obra de Dooley mostram que imagens de bebês têm maior probabilidade de chamar a atenção das pessoas. Seja a imagem do bebê diretamente ligada ao produto ou para onde ele esteja direcionando o seu olhar, por exemplo, se o bebê estiver direcionando o seu olhar para o logo da empresa, é para essa direção que as pessoas também olharão, portanto, em termos de chamar a atenção para uma mensagem publicitária, as duas estratégias de vender a imagem do bebê são eficazes.

Assim, dependendo do produto, a imagem de bebês tem a capacidade de chamar nossa atenção e nos envolver, ou seja, prestamos atenção na mensagem que a empresa procura transmitir. Ficou muito famosa a propaganda do Banco Itaú no qual um belo bebezinho rasgava folhas de papel e se divertia com isso. Era uma campanha que preconizava o uso consciente do papel. Uma boa estratégia de marketing que, além de ser precisa em transmitir a imagem da empresa, gerou um ótimo viral para a marca, porque foi compartilhada nas mídias sociais.

Ainda pensando em papel, qual é a **melhor fonte** para se usar numa mensagem publicitária? Fontes simples ou complexas? Depende; se você quiser que o consumidor leia rápido e seja levado a agir, use fontes simples. Agora, se deseja que ele leia o material com mais atenção e o memorize, use fontes mais complexas, porque o leitor terá mais dificuldade na leitura dos caracteres, se deterá mais nos detalhes e guardará a informação na memória.

Quais são as palavras mágicas para o consumidor? **Grátis** e **novo**. Estudos recentes de economia comportamental mencionam que o *grátis* funciona como a famosa cenoura na frente do burro. Nosso cérebro caçador-coletor identifica essa palavra como "nenhum esforço adicional" e, dado que nossos ancestrais tinham de fazer um esforço sobre-humano para

Veja a propaganda do Itaú:

Estudos recentes de economia comportamental mencionam que o *grátis* funciona como a famosa cenoura na frente do burro.

conseguir alimentos, algo que nos pareça ser de fácil obtenção é um grande estímulo para nosso cérebro. Como somos programados para economizar energia a todo momento, esse é um incentivo fundamental. Para nosso cérebro, isso significa algo isento de risco.

Com relação ao **novo**, os especialistas em neuromarketing mencionam que o nosso cérebro está programado para o novo. Isso pode estar gravado em nossa memória ancestral, já que nossos antepassados buscavam coisas novas, como comida e frutos; novamente entra em ação o registro multimilenar do cérebro caçador-coletor, envolvido na obtenção de novas fontes de alimento para garantir a sobrevivência. Esses estudos também demonstram que áreas relacionadas ao prazer são estimuladas em nosso cérebro quando identificamos essa palavra.

Em síntese, mencionamos aqui apenas alguns exemplos do que as pesquisas em neuromarketing possibilitam para o gestor mercadológico. É claro que, com os avanços existentes, muitas outras descobertas acontecerão. Algumas podem até contradizer o que descrevemos, enquanto outras irão reafirmar os dados já acumulados. De todo modo, temos uma ampla gama de possibilidades abertas para pesquisas em neuromarketing.

TUDO MUITO BOM, MAS...

A julgar pelo que acabamos de descrever, tem-se a impressão de que tudo está muito bom, de que o neuromarketing é realmente o Santo Graal dos estudos de marketing e que basta usar essas descobertas para induzir todos os consumidores a comprar os produtos das empresas, sem o menor esforço, não é mesmo? Mais ou menos.

O neuromarketing é uma ferramenta nova que está à disposição apenas de poucas empresas no mercado devido ao seu custo. Pode ser que no futuro, com mais empresas usando essa tecnologia, seu preço venha a baixar, tornando-o mais acessível.

Um pouco mais sobre neuromarketing:

O neuromarketing pesquisa as atividades cerebrais e do corpo mediante estímulos provocados, o que, em muitas situações, não representa o consumidor no momento efetivo da compra. Será que as respostas a esses estímulos seriam as mesmas se, em vez de vários aparelhos acoplados ao seu corpo, você estivesse em uma situação real de compra? É de se pensar... Sempre haverá a influência do observador sobre o objeto observado: é a lei da ciência.

O neuromarketing pesquisa as atividades cerebrais e do corpo mediante estímulos provocados, o que, em muitas situações, não representa o consumidor no momento efetivo da compra.

Por mais que possamos ler todas as mensagens não verbais dos consumidores, ainda existem outros fatores que influenciam o seu comportamento de compra, como os hábitos e os costumes da sociedade em que vive, por exemplo. Se pensarmos que o ser humano é apenas governado por seus hormônios ou por reações fisioquímicas, estamos negligenciando nosso potencial. O ser humano é muito mais complexo e não pode ser mapeado em sua totalidade, considerando apenas as reações que descrevemos.

Dessa maneira, devemos entender o neuromarketing como apenas mais uma das técnicas de pesquisa do mercado e, em termos estratégicos, como mais uma opção para subsidiar as decisões mercadológicas da empresa. É apenas mais um instrumento de coleta de dados. Porém, apesar de suas restrições, é possível que garanta à área de marketing uma validade maior para as decisões e bases mais científicas para os estudiosos e pesquisadores.

"A missão é investigar o cérebro"

· ·

*Martin Lindstrom, o teórico do neuromarketing, aposta no
estudo da mente por meio da ressonância magnética para
mudar a compreensão do consumo, do mercado e da economia*

Época Negócios

Martin Lindstrom, consultor dinamarquês especializado em marcas e autor de *A lógica do consumo*, mergulhou na neurociência para descobrir por que compramos (e por que deixamos de comprar) desde latinhas de refrigerantes até carros esportivos de meio milhão de dólares. Usando aparelhos de ressonância magnética e outras técnicas para escanear o cérebro, ele vasculhou as mentes de 2.081 voluntários em cinco países para entender como consumidores reagem à influência do marketing. Aos 39 anos – mas com o rosto ainda juvenil –, ele constatou que muitos anúncios são não apenas ineficazes. São também contraproducentes.

Campanhas antitabagistas, por exemplo, podem estimular fumantes a acender um cigarro instintivamente. Sua principal tese, basicamente, é a de que o subconsciente é responsável por controlar as compras. "De todas as decisões que tomamos diariamente, 85% acontecem em nossa mente não consciente", afirma. Nesta entrevista, Lindstrom diz que as técnicas de pesquisa "não conscientes" vão mudar o modo como vemos o consumo, o marketing e, no futuro, a economia como um todo. A rigor, já estão mudando: "A esta altura, 25% das 100 maiores empresas do mundo já usam o neuromarketing. Do Google à MTV".

EN – O senhor acredita que o conhecimento vindo dos laboratórios de neurociência tem o poder de afetar o modo como entendemos a economia?
L – Sim, mas não agora. A neurociência e, em particular, o neuromarketing estão ainda em seus primeiríssimos dias. Vai levar anos antes que insights dessa natureza sejam sólidos e confiáveis o bastante para que se construam teorias sérias em torno deles. Dito isso, não há dúvida de que a recessão e o comportamento irracional que o mundo tem exibido nos últimos anos podem muito

bem ser parcialmente explicados pela neurociência, já que ela, em contraste com outros formatos de pesquisa, olha para a parte não consciente do nosso comportamento – um lugar onde muito da recessão, na realidade, acontece.

EN – Já que vivemos em uma sociedade de consumo, o senhor vê uma "nova economia" surgindo de uma melhor compreensão do consumidor?
L – Possivelmente. Em vez de nova economia, eu prefiro dizer branding 2.0, o que significa dizer que os "bons e velhos tempos" do branding [trabalho de construção de uma marca no mercado], iniciados nos anos 1950, estão agora prestes a desaparecer e ser substituídos por pesquisa não consciente. Esse insight vai, sem dúvida, mudar todo o modo como enxergamos o mundo. Podemos discutir se isso implica uma nova economia, mas uma coisa é certa: isso vai significar um jeito inteiramente novo de construir marcas e comunicação.

EN – Como a neurociência se tornou uma de suas áreas de interesse e que tipo de insight o senhor pode tirar dessas experiências que não teria apenas observando e entrevistando consumidores?
L – Enquanto eu escrevia *Brand Sense* [o livro anterior de Lindstrom, de 2005, sobre construção de marcas com o uso dos cinco sentidos], percebi que é quase impossível questionar consumidores sobre seus cheiros preferidos. Descobri isso muito tarde – depois de ter entrevistado milhares de consumidores. O problema é que nosso vocabulário é insuficiente para expressarmos sensações muito interiores. Minha missão então passou a ser investigar e entender a fonte [dessas sensações], isto é, o cérebro.

EN – O que as pesquisas neurocientíficas que deram origem ao livro *A lógica do consumo* nos ensinam?
L – Que 85% de todas as decisões que tomamos todos os dias acontecem em nossa mente não consciente. Que propaganda subliminar funciona, sexo não vende, e que o poder dos sentidos é substancialmente mais influente nas decisões que tomamos do que alguém imaginaria. Que existe um forte paralelo entre o mundo da religião e o mundo do branding. Quer dizer, no futuro as marcas começarão a se inspirar no mundo da religião.

EN – A neuroeconomia e a economia comportamental estão colocando em xeque a crença na racionalidade econômica de homens e mulheres. E o neuromarketing? Muitos comportamentos são profundamente irracionais. Por que você bate na madeira [para que algo ruim não aconteça]?
L – Tenho certeza de que você não faz ideia – e mesmo assim ainda faz isso. Esse é um exemplo de comportamento que temos todo dia, toda hora, todo minuto. Executamos mais de 250 rituais todos os dias! Como quando pegamos

um produto numa prateleira em apenas quatro segundos – e 60% de todos os produtos adquiridos são escolhidos em até quatro segundos. São comportamentos como esses que precisamos entender. E o único modo de fazer isso é via pesquisas não conscientes.

EN – Até onde o senhor imagina que pode ir na missão de compreender o modo como os consumidores tomam decisões e ajudar as empresas a melhorar sua comunicação com eles?
L – Deixe-me primeiro sublinhar uma coisa. O neuromarketing e a neurociência nunca serão capazes de implantar um "botão de comprar" em nosso cérebro. E graças a Deus por isso. Mas não há dúvida de que o neuromarketing vai começar a ter um papel cada vez maior na condução de pesquisas, aos poucos tornando obsoleta a pesquisa mais convencional. Isso, entretanto, não acontecerá amanhã, mas talvez em 20 anos. No futuro, as marcas provavelmente não vão ter uma taxa de fracasso de 90%, mas de 50%. Os anúncios ganharão maior apelo e funcionarão melhor. Mais importante, os anúncios – e o ruído – começarão a desaparecer simplesmente porque a indústria começou a entender o que funciona e o que não funciona.

EN – Já há empresas tirando proveito do neuromarketing? Há algum exemplo com resultados mensuráveis?
L – Sim, a esta altura perto de 25% das 100 maiores empresas do mundo estão [usando o neuromarketing]. Isso inclui todo mundo, do Google à Mercedes-Benz, a MTV, a Microsoft etc. Os resultados são melhor funcionalidade nas buscas do Google, melhor navegação no software da Microsoft, melhor design nos carros da Mercedes e melhor merchandising nos programas da MTV.

EN – Como o senhor pensa que as descobertas do neuromarketing vão mudar a publicidade? De comerciais de TV a merchandising?
L – Esperamos que os comerciais de TV se tornem mais atraentes e o merchandising, mais relevante – mas talvez mais assustador. Existe a chance de que o marketing comece a ir para o subterrâneo, isto é, apelar à nossa mente não consciente. Por um lado, é aí que as decisões são tomadas, mas, por outro [essa prática] põe o consumidor em uma situação na qual ele tem pouco a dizer.

EN – Com base no que sabemos sobre como o cérebro humano responde às marcas e à publicidade, quais são os erros fundamentais dos profissionais de marketing?
L – Nós pensávamos que o logo funcionava. Para muitos, era o túmulo sagrado do branding. Agora sabemos que isso não é mais verdade. Na realidade, o logo frequentemente tem um efeito totalmente oposto e dilui a marca em vez de construí-la. Nós também aprendemos que merchandising e patrocínios

não funcionam, simplesmente porque são feitos fora de contexto, e portanto nosso cérebro apaga a propaganda e a mensagem da marca. Aprendemos que sexo não vende e frequentemente mata a marca, mas, sim, gera muita atenção. Aprendemos que os sentidos são o modo mais poderoso de construir marcas, com foco em som e cheiro. E aprendemos que a religião provavelmente vai ser a fonte futura de inspiração quando formos construir marcas verdadeiramente poderosas.

EN – E a pesquisa de mercado? O senhor acredita que a ressonância magnética do cérebro vai substituir a pesquisa tradicional, baseada em entrevistas?
L – Não, a resposta não será a ressonância magnética do cérebro, mas uma tonelada de diferentes técnicas, incluindo tudo, de codificação facial a várias outras técnicas de observação. Dito isso, não há dúvida de que os formatos convencionais de pesquisa irão começar a perder importância, mas provavelmente nunca desaparecerão simplesmente porque existem perguntas a que apenas esse tipo de pesquisa pode responder.

EN – Que tipo de trabalho o senhor vem fazendo com companhias interessadas em neuromarketing?
L – Eu trabalho para mais de 20 das maiores marcas do mundo. Muitas delas alavancam os insights que nós estabelecemos em torno do neuromarketing. Também administro um leque de companhias que estão se especializando nesse campo. Uma delas é a Buyology Inc., em Nova York; outra é a agência Brand Sense, em Londres. Trabalho em tudo, do desenvolvimento de novos produtos com café para a Nestlé a novas bebidas para a Pepsi ou novos tijolinhos para a Lego.

EN – Se o neuromarketing se tornar uma tendência, estou certo de que algumas pessoas vão reclamar desse tipo de olhar indiscreto dentro de suas mentes. O que o senhor diria a elas?
L – Que o neuromarketing é como um martelo e um prego. Você pode tanto usá-los para o bem – isto é, pendurando um quadro na parede – como machucar alguém com eles. Ao falar sobre neuromarketing para o mundo, minha esperança é que o consumidor esteja mais preparado para essa nova onda. A boa notícia é que o ser humano não pode ser programado para fazer alguma coisa contra a sua vontade. Esperamos que o neuromarketing seja a ferramenta que vai limpar um mundo de anúncios e comerciais muito bagunçado e que toma tempo, e sem o qual todos nós podemos viver.

Fonte: <http://epocanegocios.globo.com/Revista/Common/o,,ERT97030-16642,oo.html>.

VAMOS TESTAR SEUS CONHECIMENTOS?

1 Com base nos estudos que acompanhamos neste capítulo, quais as limitações das pesquisas em neuromarketing quanto à compreensão do comportamento do consumidor? Você acredita que essa técnica pode solucionar pelo menos uma parte dos problemas comerciais que as empresas enfrentam no mercado?

2 Você acredita que pode ser falta de ética por parte das empresas que elas investiguem os sentimentos talvez mais íntimos dos consumidores? É ético usar essas informações para induzir consumidores à compra de produtos muitas vezes sem perceber racionalmente suas escolhas? E quando isso ocorre com crianças e adolescentes ou com pessoas emocionalmente imaturas?

3 Você acha que, com o entendimento do comportamento do consumidor obtido por meio dos estudos em neuromarketing, poderá ser melhor o relacionamento entre empresas e consumidores? Esses conhecimentos poderão criar consumidores mais conscientes e responsáveis socialmente?

4 Os estudos em neuromarketing poderão proporcionar ideias para melhores produtos ou serviços para os consumidores? Como você acha que esse processo seria construído? Como essas estratégias poderão ser operacionalizadas pelos gestores mercadológicos?

5 Com base no conteúdo deste capítulo e na entrevista com Lindstrom, faça uma lista dos pontos positivos e negativos dos estudos em neuromarketing. Proponha uma lista de alternativas para minimizar os pontos fracos e potencializar as vantagens.

2

Storytelling

APRESENTAÇÃO

As empresas buscam continuamente formas criativas de apresentar seus produtos ao público com o objetivo de transmitir não apenas as características, os atributos e os benefícios desses produtos, mas também aspectos que ajudem a diferenciá-los dos concorrentes. Para alcançar esse objetivo, utilizam o storytelling, ou seja, contam histórias para seus consumidores. Essas histórias devem ser interessantes e transmitir informações importantes; devem tabém ter um tom emocional, falando com o consumidor de modo a torná-los fiéis e cada vez mais ligados à empresa.

O storytelling também é utilizado internamente pelas empresas quando, por exemplo, querem transmitir valores e engajar os empregados, levando-os à ação. Deve haver congruência entre as narrativas que a empresa apresenta interna e externamente.

O B J E T I V O S

. . . .

Após a leitura deste capítulo, você terá condições de entender que o storytelling é uma forma de comunicação com potencial para construir uma relação de confiança entre a empresa e seus clientes. Saberá, também, que o storytelling pode ser usado pelas empresas tanto externa como internamente, e que uma história bem contada pode ser uma maneira eficiente de transmitir os valores de uma empresa para o seu público.

STORYTELLING

Contar histórias é um hábito proveninete dos primórdios da humanidade. Antes da invenção da linguagem escrita, as histórias eram transmitidas de geração a geração pela repetição oral. As histórias têm sido uma parte fundamental da comunicação humana, e até hoje atraem a atenção de todos. Quem de nós não se lembra das histórias que nossos pais e outros familiares nos contavam na hora de dormir... Boa parte delas era fantástica, povoada de seres mitológicos, fadas, dragões, duendes, bruxas e mágicos.

Histórias têm sido uma parte fundamental da comunicação humana, e até hoje atraem a atenção de todos.

Entre as características mais comuns dessas narrativas estava o desafio a ser vencido, uma mensagem edificante e valores morais; além disso, as histórias sempre tinham um final feliz. Pode ser que esses elementos expliquem por que tantas crianças se sentem tão atraídas por histórias, ainda que estes possuam um encadeamento variável da trama (afinal, quem consegue contar a mesma história sem mudar um detalhe aqui ou ali?) e cheguem ao mesmo resultado. Nossa imaginação voava junto com os personagens, e muitas vezes obrigávamos nossos familiares a serem criativos para responder às nossas perguntas.

Outro tipo de história traduzia as tradições de um povo. Nessas lendas, ganhavam destaque os atos heroicos representando os valores que motivavam os heróis a lutar incessantemente contra seus inimigos até a vitória. Seja como for, eram histórias que nos envolviam e muitas vezes nos transportavam mentalmente para um mundo diferente, em geral mais interessante do que aquele em que vivíamos.

Veja um pouco mais sobre storytelling:

STORYTELLING EM NOSSA EXPRESSÃO

O uso de histórias e narrativas também ocorre quando queremos expressar para nossos colegas ou familiares o nosso ponto de vista sobre uma situação. Nesses casos, procuramos salientar aspectos que nos parecem favoráveis e reduzir o foco sobre aqueles que consideramos irrelevantes ou desabonadores. Como essas narrativas envolvem diretamente cada um de nós, elas são marcadas por uma forte carga emocional, além de apresentarem os fatos sob um único ponto de vista, o que, portanto, as torna tendenciosas. Muitas vezes, de tanto repetir uma história, acabamos esquecendo detalhes da situação original e nos apegamos à versão que nos é mais agradável.

Em geral, narramos fatos observados no nosso cotidiano, e nessas narrativas temos a expressão das crenças, da maneira de pensar, dos valores pessoais de quem fala. Lembremos aqui que a narrativa é uma técnica de pesquisa utilizada para se conhecer a opinião dos consumidores sobre temas sensíveis. Nesse caso, pede-se que o consumidor imagine um diálogo entre duas ou mais pessoas a respeito de uma situação específica. Na verdade, o diálogo que ele imaginar estará demonstrando como ele se sente diante de tal situação.

BOAS NARRATIVAS

Em termos mercadológicos, uma boa história é aquela que traz informações úteis para o consumidor, informações que podem ser comentadas e compartilhadas com amigos e conhecidos. Por esse motivo, as histórias que contêm uma narrativa passível de ser aumentada e elaborada pelo consumidor, que possibilitem que ele participe da trama, por exemplo, respondendo ao desafio enfrentado por um dos personagens, têm muito mais chances de serem lembradas e comentadas pelo consumidor. Adicionalmente, esse tipo de história tem mais chances de levá-lo a agir do que a narrativa que não dá espaço para que ele entre na trama, mesmo que apenas em sua imaginação.

Hoje em dia, levando em conta que fomos culturalmente condicionados a ouvir e contar histórias, um número crescente de empresas tem comunicado seus valores por meio desse recurso tão favorável à compreensão e à absorção de informações. Esse tipo de comunicação tem o potencial de construir uma relação de confiança, aproximando a empresa de seus clientes e empregados. Uma história bem contada pode ser uma excelente ferramenta de comunicação empresarial com consumidores, atuais e potenciais, bem como com quem trabalha na empresa ou tem algum tipo de vínculo com ela.

Cabe aqui diferenciar as histórias contadas internamente e as contadas externamente. Cada uma se dirige a um público-alvo diferente e esse fato sempre deve ser levado em conta, embora as histórias contadas externamente acabem influenciando os empregados internamente. Por isso, não deve haver conflito entre ambas.

Se a história é envolvente, carregada de emoção, ela praticamente sobreviverá por conta própria, propagada pelas redes sociais, pelo boca a boca, sem um esforço maior por parte da empresa. Caso seja contada pela televisão, boa parte da emoção virá de nossa identificação com pessoas e situações que já vivenciamos e nos remetem a uma realidade desejável e perdida ou a um sonho almejado. Com isso, o espectador se lembra da empresa, do que ela é e faz no mercado, de seus valores e produtos.

> **Se a história é envolvente, carregada de emoção, ela praticamente sobreviverá por conta própria, propagada pelas redes sociais, pelo boca a boca, sem um esforço maior por parte da empresa.**

COMUNICANDO COM O STORYTELLING

A narrativa característica do storytelling ajuda a tornar a informação mais tangível para o consumidor. Além disso, cria e evoca lembranças e memórias no público-alvo. Outra característica do storytelling é a transmissão, de maneira simplificada, de mensagens complexas, tornando-as mais fáceis de serem entendidas pelo público a que se destinam. Além disso, ao contrário do que em geral ocorre com as propagandas atuais, em que uma empresa busca convencer seu público-alvo das vantagens e dos benefícios de seus produtos ou serviços, o storytelling tem mais chances de instigar as pessoas, fazendo-as refletir e agir. Por sua própria natureza, o storytelling não costuma provocar reações contrárias aos produtos ou serviços apresentados.

A maior parte das narrativas usadas como propaganda visa transmitir aspectos que normalmente valorizam a empresa, seu modo de pensar, seus valores, suas tradições, seu cuidado com as pessoas e com o meio ambiente, seu respeito ao público e assim por diante. Esses aspectos, além de criarem uma boa imagem e construírem a reputação da empresa e de seus produtos, ajudam a justificar o posicionamento de preços mais altos.

Por outro lado, o storytelling tem suas falhas. As empresas que recorrem a essa forma de comunicação devem tomar certos cuidados. Como sabemos, uma companhia enfrenta grandes dificuldades para construir a imagem de suas marcas na mente dos consumidores. Qualquer tipo de comunicação tem pouca chance de criar um efeito duradouro em suas mentes, principalmente porque há um fluxo constante de comunicação oriunda de diversas mídias. O consumidor atual tem acesso a redes sociais, e-mail marketing, televisão, cinema, revistas, e essas inúmeras fontes de informação podem ser usadas pelas empresas como canais de divulgação.

A repetição de um estímulo reduz a resposta a ele, ou seja, o consumidor é assediado por tanta propaganda que nem mais registra essas mensagens, ou não tem sua atenção atraída por elas.

Esse constante bombardeamento por mensagens comerciais leva os consumidores a se protegerem e, assim, se tornarem mais críticos em relação ao que leem, ouvem e veem. No caso do e-mail marketing via internet, um bom programa antispam consegue eliminá-los e jogá-los na lixeira virtual. Também sabemos que a repetição de um estímulo reduz a resposta a ele, ou seja, o consumidor é assediado por tanta propaganda que nem registra mais essas mensagens, ou não tem sua atenção atraída por elas. Trata-se do fenômeno chamado "aumento do limiar absoluto de percepção": as pessoas não notam o que ocorre abaixo desse limiar, salvo se algo diferente consegue tirá-las desse estado, atraindo e mantendo sua atenção. A narrativa é uma estratégia eficiente para manter a atenção dos consumidores, principalmente se tiver uma estrutura conforme se sugere a seguir.

A estrutura de uma narrativa usada em um país pode não ser adequada para uso em outro, já que o entendimento do conteúdo depende de diferentes aspectos culturais e sociais. Essa inadequação também pode ocorrer em um mesmo país quando envolve grupos sociais variados, com interpretações distintas para uma mesma história. A maneira como uma história é transmitida – escrita, oral ou visual – também influencia o entendimento da narrativa pelo receptor. Em culturas em que a leitura é um hábito normal, por exemplo, uma narrativa escrita é facilmente entendida e absorvida, o que não ocorre em culturas pouco afeitas à leitura. Em conjunto, esses fatos impõem às empresas a necessidade de adequarem sua comunicação às idiossincrasias de cada país ou região em que atuam.

A ESTRUTURA DE UMA BOA NARRATIVA

Toda história deve ter uma sequência lógica, ou seja, começo, meio e fim. Uma boa história cria valor para o consumidor e também para os empregados da empresa, além de ajudar a divulgar seus valores e objetivos internamente. É uma maneira de contextualizar a mensagem que a empresa deseja comunicar, levando as pessoas a entender, encontrar sentido e se lembrar de seus pontos principais. Isso contribui para estabelecer um relacionamento saudável entre a empresa e seus consumidores, ajudando a atraí-los e fidelizá-los.

As vantagens do storytelling sobre outras opções de comunicação são: exige a atenção ativa do consumidor; conta com mecanismos que ajudam a enfatizar a mensagem, melhorando seu entendimento; desperta emoções, o que nem sempre é possível em outros formatos de comunicação. O storytelling também possibilita comunicar ideias complexas de maneira motivacional, o que pode incentivar as pessoas à ação. Os dirigentes de uma empresa podem usar storytelling para fortalecer a aliança entre os empregados, e entre esses e a organização, criando o sentimento de pertencimento e de orgulho por trabalharem ali. Nesse contexto, o objetivo do storytelling é tornar os empregados embaixadores da empresa ao falarem sobre ela. Além disso, ouvir dos empregados histórias em que narram suas experiências na companhia pode gerar novas ideias e possibilidades, além de levá-los a se sentir mais integrados. A cultura empresarial é refletida nas histórias contadas por seus empregados.

Os consumidores comprarão os produtos com os quais sentem maior afinidade em razão das histórias com que simpatizaram, como se, ao consumir os produtos, pudessem participar da situação apresentada. Em uma boa história, cada personagem deve ter um papel claro na trama. Se possível, deve haver um conflito a ser resolvido ou algum desafio a ser vencido, demonstrando que o objetivo alcançado demandou esforço. Esses elementos tornam a história mais interessante e prendem mais a atenção. Deixar algumas partes em aberto para que o ouvinte possa projetar sua própria experiência ou realidade permite uma ligação maior com a história e, portanto, com o produto e a empresa.

Outro cuidado com a técnica do storytelling é assegurar que a história possa ser repetida várias vezes sem cansar o ouvinte. E essa é mais uma vantagem do formato, ou seja, culturalmente as pessoas aceitam que uma história seja contada mais de uma vez, pois já passaram por essa experiência na infância. O narrador da história também tem uma importância decisiva, pois as pessoas tendem a acreditar no que ele diz, já que não participa diretamente na trama. Por esse motivo, na criação da história, a empresa deve avaliar bem o que pretende comunicar pelo narrador.

Os consumidores comprarão os produtos com os quais sentem maior afinidade em razão das histórias com que simpatizaram, como se, ao consumir os produtos, pudessem participar da situação apresentada.

De todo modo, como em qualquer outro tipo de comercial, a narrativa também pode ser testada junto ao público-alvo para identificar mensagens indesejadas, estranhas ou difíceis de entender. Para esse fim, os especialistas de marketing têm conduzido pesquisas qualitativas, principalmente com grupos de foco, para encontrar eventuais problemas na comunicação, sejam elas devido ao tema ou à maneira de relatá-las. Assim, antes de ser lançada, a narrativa pode ser ajustada e aperfeiçoada, tornando-se uma importante aliada na construção da imagem da empresa e de seus produtos, diferenciando-os de seus concorrentes.

CUIDADOS ADICIONAIS

Algumas empresas apresentam histórias fictícias, mas com características que levam o seu público a acreditar que são histórias reais para justificar um posicionamento de preços mais altos, ou para dar maior veracidade ao conceito do produto ou aos benefícios oferecidos. Essa prática tem tantos defensores quanto críticos, que consideram falta de ética mentir para o público. No caso que narramos a seguir, temos o exemplo de uma empresa brasileira que decidiu contar uma boa história, mesmo que inverídica, para poder impulsionar a venda de seus produtos, tendo alcançado bons resultados.

Uma história falsa, quando descoberta pelo público, pode ter um efeito desastroso para a empresa, devido à quebra de confiança e à falta de ética e de respeito demonstrada pela companhia em relação aos consumidores. Nesses casos, a consequência negativa para a reputação da empresa pode obrigá-la a vir a público para se desculpar, o que nem sempre adianta, pois as pessoas não gostam de ser enganadas.

ESTUDO DE CASO

"Toda empresa quer ter uma boa história. Algumas são mentira"

· ·

REVISTA *EXAME*

São Paulo – A fabricante de sorvetes paulistana Diletto é um fenômeno. Quando a empresa nasceu, em 2008, encontrar sorveterias artesanais de qualidade no Brasil era uma tarefa inglória. Hoje, há dezenas delas em São Paulo, Rio de Janeiro, Brasília e Salvador.

A pioneira Diletto fatura estimados 50 milhões de reais por ano e tem como sócio, desde 2012, o bilionário Jorge Paulo Lemann. Parte do sucesso se deve, claro, ao sorvete. Seu fundador, o administrador Leandro Scabin, apostou em ingredientes nobres, como pistaches colhidos na região do vulcão Etna, na Sicília, framboesas orgânicas da Patagônia, cacau do Togo.

Mas é inegável que a Diletto recebeu um belo impulso de uma história única. A inspiração para criar os picolés veio do avô de Leandro, o italiano Vittorio Scabin. Sorveteiro da região do Vêneto, Vittorio usava frutas frescas e neve nas receitas até que a Segunda Guerra Mundial o forçou a buscar abrigo em São Paulo.

Seu retrato e a foto do carro que usava para vender sorvete aparecem nas embalagens da Diletto e ajudaram a construir a autenticidade da empresa. "La felicità è un gelato", costumava dizer o nonno Vittorio aos netos. É um golaço de *marketing*, mas há apenas um porém: o nonno Vittorio nunca existiu.

O avô de Leandro Scabin de fato veio do Vêneto, mas se chamava Antonio e teria chegado ao país duas décadas antes da Segunda Guerra. Nunca fabricou sorvetes. Antonio era paisagista e cuidava dos jardins das casas das famílias ricas de São Paulo. As fotos dele e do carrinho de sorvete impressas nas embalagens da Diletto são peças publicitárias.

Leandro Scabin criou o personagem com o sócio Fabio Meneghini, ex-diretor da agência de publicidade WMcCann, e com a ajuda do dono da agência, Washington Olivetto. "A empresa não teria crescido tanto sem a história do avô e o conceito visual que construímos. Como eu convenceria o cliente a pagar 8 reais num picolé desconhecido?", diz Leandro Scabin. "Mas reconheço que posso ter ido longe demais na história." Perguntado, ele afirma que usa – mesmo – framboesas orgânicas da Patagônia, coco da Malásia, cacau do Togo e pistache vulcânico da Sicília.

O "nonnogate" da Diletto é o retrato de um tipo de estratégia que extrapola os limites do marketing – e que está em plena moda no mundo dos negócios. Para conquistar espaço, as empresas se preocupam cada vez mais em contar histórias que as diferenciem dos concorrentes – técnica conhecida como storytelling.

É uma tendência mundial, motivada por uma mudança no comportamento do consumidor. Hoje, os clientes não querem apenas saber se o bife é saboroso – mas se o boi foi ou não engordado em áreas de queimada. Se o cacau do chocolate beneficia pequenos agricultores. Se a castanha-de-caju é colhida por quilombolas.

Se o suco é feito por jovens cansados da mesmice. Sob muitos aspectos, é uma mudança benéfica, que coloca em evidência empresas que não se preocupam apenas em lucrar. Mas muita gente percebeu que quem tem uma boa história para contar acaba lucrando ainda mais.

A companhia americana de bebidas Fiji Water, que extrai água mineral de uma cratera vulcânica no arquipélago de Fiji, no Pacífico, cobra o dobro da concorrência. Sua história, de fato, é matadora.

A empresa diz que ajuda a população local – financiando a construção de escolas e hospitais – e que a água, "única", faz bem à saúde. Ninguém se importa que a água seja transportada por dezenas de milhares de quilômetros, uma loucura do ponto de vista ambiental. Uma prova de que o storytelling colou.

Mas a tentação de ir um pouquinho além e simplesmente inventar uma história tem se provado grande demais. Um caso extremo é a varejista americana Abercrombie & Fitch. A marca que leva o nome da companhia é de 1892. Mas quando o atual presidente, Mike Jeffries, criou a marca Hollister, em 2000, inventou uma história para lá de rebuscada.

Diz a lenda que a Hollister foi criada em 1922 pelo americano John Hollister. Filho de banqueiro, ele se formou na Universidade Yale, trabalhou numa plantação de borracha na Indonésia e casou com uma jovem local. No caminho de volta para casa, se encantou com o trabalho dos artesãos das ilhas do sul do Pacífico.

Resolveu abrir uma galeria chamada Hollister para vender essas obras. Coube ao filho John Jr., um dos maiores surfistas de sua geração, transformar a galeria do pai em loja de roupas inspiradas no surfe. O público adora. Mas é tudo cascata.

Produtos com ingredientes orgânicos e fabricados respeitando as tradições locais tendem a ganhar pontos. Por isso, um número crescente de empresas exagera um tantinho na hora de se "vender". A fabricante carioca de sucos Do Bem, criada em 2007, publica verdadeiros manifestos em suas caixinhas.

A Do Bem não usa açúcar, corantes ou conservantes para fazer uma "bebida verdadeira". Um desses manifestos diz que suas laranjas, "colhidas fresquinhas todos os dias, vêm da fazenda do senhor Francesco do interior de São Paulo, um esconderijo tão secreto que nem o Capitão Nascimento poderia descobrir".

Os sucos custam cerca de 10% mais do que os da concorrência. Mas as laranjas não são tão especiais assim. Na verdade, quem fornece o suco para a Do Bem não é seu Francesco, que jamais existiu, mas empresas como a Brasil Citrus, que vende o mesmo produto para as marcas próprias de supermercados.

Em nota, a empresa disse que não comenta a política de fornecedores e que o personagem Francesco é "inspirado em pessoas reais". Até grandes empresas estão enveredando para esse marketing mais, digamos, sonhático. A Coca-Cola, por exemplo, lançou em 2011 no Brasil um suco chamado Limão & Nada.

A promessa, a julgar pelo nome, era que aquele fosse um suco natural de limão. Mas a bebida tinha outros ingredientes na formulação, açúcar entre eles, e acabou saindo de linha no ano passado. A Coca-Cola diz, em nota, que os ingredientes eram informados na embalagem e que o nome não pretendia confundir o consumidor.

Nos Estados Unidos, uma reportagem desmascarou dezenas de destilarias de uísque ditas artesanais. Algumas delas, criadas há poucos anos, vendiam bebidas envelhecidas 15 anos, o que chamou a atenção de consumidores mais desconfiados. Descobriu-se que mais de 40 marcas compravam uísque de um mesmo fornecedor, a fábrica MGP, uma das maiores do país, localizada no estado de Indiana.

Entre as desmascaradas está a Breaker Bourbon, que afirmava produzir sua bebida numa destilaria nas montanhas douradas da costa californiana. "Todo mundo tem uma história boa e verdadeira para contar. As empresas não precisam ser desonestas com seus clientes", diz Mauricio Mota, sócio da agência de conteúdo The Alchemists.

Para o publicitário Washington Olivetto, presidente da WMcCann, que ajudou na criação da Diletto, "um lindo produto merece uma linda história". Se a história for verdadeira, tanto melhor.

Fonte: <http://exame.abril.com.br/revista-exame/edicoes/1076/noticias/marketing-ou-mentira>.

VAMOS TESTAR SEUS CONHECIMENTOS?

1 Considere o caso anterior, *Toda empresa quer ter uma boa história. Algumas são mentira.* Como você, no papel de consumidor, se sentiria ao descobrir que uma empresa mentiu sobre algum aspecto da história que contou a fim de obter uma vantagem competitiva em relação aos concorrentes?

2 Storytelling é uma ferramenta de comunicação indicada para uma empresa que queira transmitir seus valores e sua missão ao seu público-alvo e a seus empregados. A narrativa para comunicação desses valores e missão poderia ser igual, tanto para o público externo como para o público interno? Por quê?

3 Quais os aspectos do storytelling que podem levar a narrativa a atrair e manter a atenção de seu público-alvo?

4 Quais os pontos positivos e os negativos do storytelling em relação às maneiras mais tradicionais de comunicação, como exposição direta dos atributos do produto e seus benefícios?

5 O que faz o storytelling ser um formato de comunicação usado pelas instituições bancárias?

3

Branding sensorial

APRESENTAÇÃO

Em um mercado cada vez mais competitivo, as empresas precisam pensar em estratégias diferenciadas de marketing para estabelecer vínculos consistentes com seus consumidores. Deve-se pensar em estratégias que possam criar uma experiência diferenciada para eles. Para esse fim, o presente capítulo apresenta os recursos do branding sensorial, que consistem em estimular os sentidos dos consumidores a fim de criar vínculos estáveis com eles e assim despertar gatilhos que possam agregar valor à marca e tornar a oferta da empresa distinta da dos concorrentes.

MAIS UMA VEZ... O CONTEXTO

Mais uma vez, iniciamos o capítulo tratando do contexto no qual as empresas estão inseridas. Diante de todas as transformações que caracterizam o relacionamento entre empresas e consumidores, torna-se imperativo para a sobrevivência das companhias pensar em maneiras diferenciadas de criar e consolidar seus vínculos com o mercado. As estratégias de marketing têm condições de proporcionar novas ferramentas que potencializem esses vínculos e relacionamentos.

Encontramo-nos em um mercado no qual as empresas têm dificuldade de conversar e convencer seus consumidores de que sua oferta é melhor do que a dos rivais.

Encontramo-nos em um mercado no qual as empresas têm dificuldade de conversar e convencer seus consumidores de que sua oferta é melhor do que a dos rivais. O consumidor está cada vez mais na defensiva em relação às estratégias mercadológicas, criando um verdadeiro escudo para se proteger do excesso de estímulos que o atinge ou, em muitos casos, até o ataca de maneira agressiva, quando as empresas insistem em todas as opções de contato para transmitir sua mensagem ao público consumidor.

Por outro lado, ao mesmo tempo que se criam barreiras para tentar bloquear o assédio das mensagens das empresas, os consumidores nunca estiveram tão dispostos a compartilhar suas informações por meios digitais, divulgando os locais que frequentam, informações pessoais e preferências. Porém, nem todas as empresas estão adaptadas para ouvir e usar essas informações. Trata-se de um contexto cada vez mais complexo.

As empresas que obtêm sucesso são as de relacionamento mais sedimentado com seu mercado, aquelas que, devido ao seu esforço em períodos anteriores ao atual, conseguiram um espaço de destaque junto a seu público-alvo, ou seja, alcançaram um posicionamento estratégico em suas políticas de marketing e assim garantiram gatilhos espontâneos na mente do consumidor. Basta que determinado estímulo apareça para a pessoa se lembrar da marca ou do produto. Essas são as empresas de destaque.

Porém, mesmo com um posicionamento adequado, muitas empresas de destaque em seu ramo de atuação ainda sofrem com o desafio das companhias entrantes. Por serem menores, estas são mais ágeis em suas decisões estratégicas, mais ousadas em suas campanhas de marketing e, com isso, estabelecem um melhor relacionamento com o mercado. No entanto, muitas dessas empresas pequenas e mais ágeis, no momento em que começam a crescer, perdem aquele DNA inovador típico das entrantes. Hoje, o contexto é desafiador e nele a dança das cadeiras na preferência dos consumidores passa por intensas modificações. Então, como manter uma empresa em destaque no mercado e na preferência dos consumidores?

Hoje, o contexto é desafiador e nele a dança das cadeiras na preferência dos consumidores passa por intensas modificações.

Neste capítulo vamos apresentar estratégias já usadas por muitas empresas a fim de ocupar um espaço de destaque na mente dos consumidores, manter um estreito relacionamento com seus clientes, oferecer uma experiência diferenciada e tentar romper o bloqueio que existe entre empresas e mercado com relação ao seu processo de comunicação. Estamos falando de branding sensorial. E o que é branding sensorial?

UMA MARCA... VÁRIOS PONTOS DE CONTATO

Antes de introduzirmos o conceito de branding sensorial, vamos entender o que é branding. Em síntese, branding é o processo de gerenciamento da marca (*brand*) de uma organização, ou seja, diz respeito tanto a como ela administra sua marca em um mercado específico como às técnicas que visam a seu fortalecimento.

O gerenciamento da marca tem o objetivo de fortalecê-la na percepção dos consumidores, com todos os sentimentos e experiências que a compõem, tornando-a distinta das ofertas existentes. Também visa levar os consumidores a identificar pontualmente uma marca em meio a todas as ofertas. O branding pretende demonstrar todos os agentes intangíveis que compõem a história da marca, do produto e da organização, de modo a se tornar a única escolha dos consumidores.

Partindo do pressuposto de que a marca é um dos principais determinantes de uma compra, porque, queiramos ou não, compramos a marca do produto, administrá-la adequadamente é fundamental para o sucesso de uma empresa.

Por que preferimos uma Coca-Cola e não uma Pepsi se as diferenças de sabor são praticamente imperceptíveis à maioria dos consumidores? Por causa da marca e não da água gaseificada dentro da latinha. Esse é o poder da marca. Ela é capaz de ser um diferencial significativo no momento da compra porque os consumidores preferem as marcas fortes devido a todos os atributos tangíveis e intangíveis que possuem. As marcas fortes sempre serão nossa primeira opção, ou ao menos a primeira a ser lembrada em um momento de compra.

> **As marcas fortes sempre serão nossa primeira opção, ou ao menos a primeira a ser lembrada em um momento de compra.**

Sabendo a importância que as marcas possuem em nosso cotidiano no sentido de convencer os consumidores de que sua oferta é a melhor do mercado, propomos a seguinte questão: por que não utilizar os múltiplos pontos de contato com o consumidor no momento da compra para potencializar seu envolvimento com o produto, com a marca ou com a história da empresa? Uma das possibilidades, para tanto, é o branding sensorial.

Entendemos como branding sensorial a administração da marca da empresa envolvendo os vários pontos de contato que possam existir no momento da compra, a fim de criar uma experiência superior de oferta da marca, quando o consumidor se relaciona com ela de modo direto ou indireto. Consiste em gerenciar as várias percepções sensoriais vinculadas à marca para criar estímulos positivos que a fortaleçam e, portanto, satisfaçam as necessidades e os desejos dos consumidores de maneira superior à de seus concorrentes.

Como uma marca pode ter vários pontos de contato que despertam sensações positivas, não é suficiente usá-las apenas de maneira bidimensional recorrendo a estratégias visuais e auditivas, como percebemos em várias ações mercadológicas. É preciso explorar outros sentidos que também compõem a marca e a oferta da empresa a fim de criar uma experiência superior para os consumidores-alvo. É preciso ir além do convencional e propor formas diferenciadas de relacionamento com a marca.

Lembrando que a maioria de nossas decisões de compra é tomada no subconsciente – o que significa até 95% das decisões, segundo os especialistas comportamentais –, outros sentidos além da visão e da audição tornam-se importantes nesse processo. Nesse sentido, o objetivo do branding sensorial é capitalizar as emoções para fortalecer o relacionamento dos consumidores com uma marca, criando uma experiência diferenciada capaz de fortalecer o vínculo, despertar interesse e fidelizar o público-alvo.

Retomando o contexto da evolução da espécie humana, nossos sentidos sempre nos ajudaram a sobreviver, fosse ouvindo a aproximação de uma ameaça, captando o odor de um alimento estragado, enxergando a presa a ser atacada ou na defesa diante de uma ameaça, do toque de algum objeto quente capaz de nos ferir. Desde sempre em nossa história, usamos todos os nossos sentidos para sobreviver, para o prazer e para nos relacionar melhor. Sendo assim, por que as companhias não podem potencializar essa habilidade natural, essa herança genética, para fortalecer uma marca?

Os laboratórios de pesquisa da DaimlerChrysler na Alemanha descobriram que as mulheres enxergam mais valor em um automóvel analisando a parte interna do veículo, ao contrário dos homens, que preferem o design exterior. Outra descoberta é que, para as mulheres, o som das portas quando fecham é importante em sua decisão de compra porque transmite a sensação de segurança para si e para os filhos. Com um som adequado de fechamento das portas, sua percepção da segurança aumenta e, com isso, sua experiência sensorial é potencializada.

Ciente dessa característica do sexo feminino, a empresa trabalhou detalhadamente o componente sonoro e usou outros sentidos, além da visão, para comunicar aos consumidores o seu diferencial. O mais intrigante é que, como as decisões são tomadas no subconsciente, muitas mulheres não percebem essa característica inata que vem de seus ancestrais, sua herança genética que ainda é responsável por auxiliar em suas decisões de compra e que logicamente atua em seu subconsciente. Essa estratégia trabalha com os 95% da decisão de compra que ocorrem no subconsciente ou na caixa-preta que chamamos de cérebro.

É a estratégia de trabalhar com os 95% de decisão de compra que ocorrem no subconsciente ou na caixa-preta que chamamos de cérebro.

O uso de vários pontos de contato com os consumidores, ativando os sentidos, é uma oportunidade de proporcionar uma experiência diferenciada aos consumidores. Com isso, é possível trazer à tona lembranças agradáveis, como o cheiro do sonho da padaria de quando éramos criança, ou daquele bom café que tomamos para nos aquecer no frio intenso da noite. A ativação dos sentidos tem a capacidade de nos fazer recordar experiências positivas que tivemos em nossa história.

Essas vivências, gravadas em nosso subconsciente, estabelecem um vínculo emocional entre o consumidor e a marca. Como alguns produtos têm características que evocam emoções das quais muitas vezes não nos damos conta, se bem trabalhados, esses atributos passam a ser exclusivos de uma marca; em nossa mente, eles se tornam propriedade da empresa e não podem ser copiados pelos concorrentes. Estabelecido esse vínculo, somente um estímulo mais forte poderá romper essa ligação, porque o espaço na mente do consumidor já estará preenchido – pelo logo da Nike, pelo som de um aparelho Nextel, pelo aroma de um perfume Chanel, pelo sabor das batatas fritas do McDonald's, pela sensação de frescor que sentimos ao tocar uma garrafa gelada de Coca-Cola em um dia de verão.

Em um mercado saturado de produtos, mensagens publicitárias e estímulos por todos os lados, garantir um vínculo emocional com os consumidores por meio dos múltiplos pontos de contato que ele pode ter com a marca – e proporcionar uma experiência diferenciada em cada uma dessas situações – pode ser um aspecto determinante para o sucesso da empresa.

O USO DOS SENTIDOS PARA
POTENCIALIZAR A EXPERIÊNCIA
DOS CONSUMIDORES SERVE
TAMBÉM PARA AJUDÁ-LOS A
ENTENDER A RELAÇÃO ENTRE
PERCEPÇÃO E REALIDADE.

O uso dos sentidos para potencializar a experiência dos consumidores serve também para ajudá-los entender a relação entre percepção e realidade. É tentar, por meio das estratégias de branding sensorial, potencializar os múltiplos pontos de contato, reduzir eventuais inseguranças que o consumidor possa ter no momento de compra de um produto, esclarecer dúvidas quanto ao que ele acha que pode ocorrer com sua utilização e o que realmente ocorre. Se para ele um consultório médico é sinônimo de limpeza, ajude-o em sua percepção com um aroma que possa representar limpeza. Quando for comprar vinho, talvez escutar música clássica seja o elemento capaz de fazer o consumidor associá-lo a uma bebida refinada. Da mesma forma, uma música mais agitada em uma loja de roupas para jovens cria um ambiente moderno. Aperfeiçoe no momento da compra a relação entre a percepção que o cliente tem da oferta da empresa e o que será entregue, com o uso de vários estímulos que o leve a ter uma experiência tangível. Forneça dicas para que ele possa construir uma percepção positiva.

Agora vamos analisar os componentes sensoriais e como as empresas podem usá-los para criar uma experiência diferenciada em seu segmento de mercado.

COMPONENTES VISUAIS

O elemento visual é um dos atributos mais usados pelas organizações, devido ao fato de usarmos a visão para captar a maioria dos estímulos, ao menos em termos de mercado. É por meio da visão que identificamos uma marca, analisamos as ofertas, procuramos diferenças entre os produtos, lemos a respeito dos produtos para escolher o melhor, enfim, é o sentido mais usado nas estratégias mercadológicas.

É por meio de imagens que as empresas procuram comunicar seus diferenciais, e usamos o sentido visual para filtrá-los. Durante anos, as empresas vêm se comunicando com os consumidores por meio de mensagens publicitárias baseadas na visão. Portanto, por mais que outros estímulos sensoriais venham sendo usados com maior frequência, o componente visual ainda é um atributo importante para induzir uma experiência diferenciada nos consumidores.

A visão ajuda a seduzir os consumidores. Veja o caso da Coca-Cola. Seu tom de vermelho tem uma característica que a torna distinguível em qualquer situação: é o vermelho Coca-Cola, que nenhuma marca ousou copiar. O formato de sua logomarca, apesar da simplicidade, é identificável em qualquer idioma ou situação (escrito de cabeça para baixo, de lado ou invertido, sempre o reconhecemos); devido a essa simplicidade, conseguimos identificá-la a qualquer momento. Até parece que brilha aos nossos olhos. Se estivermos em um ambiente no qual existe uma infinidade de marcas, por exemplo, a Times Square, com seus milhares de logos expostos das mais variadas maneiras, podemos ter certeza de que o da Coca-Cola saltará aos nossos olhos.

Sua cor é tão forte e marcante que, em 1950, foi responsável pela mudança na cor da roupa do Papai Noel nos Estados Unidos e, em consequência, nos países onde há uma forte influência de sua cultura, como o Brasil, onde o antigo verde deu lugar ao vermelho Coca-Cola. O mais importante, pensando em termos dos componentes visuais, é que a cor da Coca-Cola, seu logo, sua garrafa, bem como suas propagandas, conseguem transmitir todas as emoções que partilhamos com o refrigerante. Desde as emoções por trás da primeira festinha de aniversário até o Natal feliz com a família, a sensação de refrescância em um dia de verão com a imagem das pequenas gotículas de suor expostas em sua logomarca ou nos materiais de comunicação – que, segundo Lindstrom, em seu livro *Brandwashed*, são milimetricamente contadas – e do som do gás que ouvimos quando é aberta uma garrafa do refrigerante, todos os componentes da marca são trabalhados para provocar emoções nos consumidores.

Estrategicamente falando, a empresa tem conhecimento do poder de seus componentes, sejam eles visuais, sonoros ou táteis, e sempre está alimentando estratégias de marketing para criar gatilhos que ativem instantaneamente essas sensações nos consumidores, criando assim vínculos duradouros com seu público.

> **A empresa tem conhecimento do poder de seus componentes, sejam eles visuais, sonoros ou táteis, e sempre está alimentando estratégias de marketing para criar gatilhos que ativem instantaneamente essas sensações nos consumidores.**

Também pensando nos componentes visuais e em como uma empresa pode potencializar esses estímulos para criar uma experiência diferenciada para os consumidores, pense na imagem dela. Como sua empresa está se comunicando com os seus consumidores em relação a esse fator? Suas mensagens publicitárias possuem os componentes visuais adequados? Transmitem a imagem adequada? Uma empresa que se destacou por muito tempo nesse quesito foi a Benetton. Suas campanhas, com o uso de imagens marcantes, conseguiam transmitir uma mensagem diferenciada para os consumidores e, desse modo, criavam uma experiência ímpar.

Com o seu slogan – *United Colors of Benetton* –, apresentava situações até contraditórias às que estamos acostumados a ver em nosso cotidiano, e que, em certo sentido, chocavam o público. Propagandas como um padre beijando uma freira, um cavalo negro copulando com uma égua branca, ou aquela na qual exageraram, apresentando um portador de Aids em estágio terminal.

Como podemos entender a efetividade dessas mensagens? Pelo fato de chocarem o público? Também, mas o mais importante em termos de componentes visuais é que essas mensagens publicitárias podiam ser reconhecidas a qualquer momento e em todo tipo de mídia. Se olharmos para uma propaganda da Benetton em um outdoor ou em uma revista e simplesmente retirarmos o logo da empresa, conseguimos imediatamente identificar que se trata de uma mensagem dessa empresa. Isso é a força da marca em relação aos seus componentes visuais. É o que ocorre com os cigarros Marlboro: apenas pelas campanhas, quando ainda usavam o caubói, ou mesmo que retirem o nome da embalagem, conseguimos reconhecer a marca. Essa é a força do componente visual: podemos apresentar somente uma parte da marca que os consumidores conseguirão identificar a empresa, porque há fortes gatilhos que automaticamente nos remetem à marca em questão.

Veja as campanhas da Benetton:

Os componentes visuais, relacionados em muitas situações à cor da embalagem, do produto ou a suas propagandas, são muito fortes em nosso cotidiano, e assim facilitam as estratégias de marketing. Isso ocorre porque os identificamos com maior rapidez em um mundo cheio de estímulos visuais. Além disso, tais componentes vinculam vários sentimentos ao produto, provocando experiências que ficam guardadas em nosso subconsciente e se tornam parte de nossa cultura. O que transmite ao nosso subconsciente uma caixa azul da Tiffany? Todos os atributos da marca: *status*, *glamour*, requinte, porque tudo isso está em nosso subconsciente, faz parte de nosso cotidiano e de nossa cultura.

Tudo isso acaba por provocar experiências que ficam guardadas em nosso subconsciente e se tornam parte de nossa cultura.

Sabendo que os componentes visuais podem agregar valor a uma marca, o que vem à sua mente quando vê um comprimido azul em formato de losango? Masculinidade, potência, sexo? Bom, esse é o Viagra. Notou como o formato de um produto, assim como sua cor, conseguem transmitir vários atributos em relação a um produto ou serviço? Como esses componentes são importantes para transmitir uma experiência diferenciada? Essas são as vantagens dos componentes visuais.

Portanto, quando sabemos que os estímulos visuais agregam valor ao produto e transmitem um diferencial e uma experiência para os consumidores, podemos aplicá-los em várias frentes, como o logotipo, o mascote e o formato. Para saber se essas características podem ser pontuadas como um diferencial, a empresa deve analisar se podem ser facilmente reconhecidas pelo consumidor. Se, em uma situação de contato, apenas um desses atributos for prontamente identificado pelo consumidor e ainda evocar emoções relacionadas ao produto, é sinal de que se trata de uma marca forte, que trabalha adequadamente seus componentes visuais.

O logotipo da Nike é um dos mais simples do mercado e facilmente reconhecido (e copiado) em qualquer ponto de contato com seus consumidores. E ainda carrega consigo todos os elementos associados com o esporte, como vitória, determinação e superação. É um ótimo estímulo visual devido à sua simplicidade. A maçã mordida da Apple é uma logomarca que sugere tecnologia e pessoas "descoladas". A sereia da Starbucks, inspirada no personagem Starbuck do livro *Moby Dick*, também é um ótimo exemplo de como os estímulos visuais são importantes para o fortalecimento da marca. Já as orelhas do Mickey Mouse lembram a Disney e seus produtos.

Veja um pouco do trabalho da Starbucks:

Ainda em relação à Starbucks e aos componentes visuais, chama atenção o seu copo para carregar café. Já notou que, quando está assistindo a um filme norte-americano e os atores carregam um copo de café, logo pensamos nessa famosa cafeteria? O café pode até ser de outra marca, mas é a Starbucks que sempre vem à nossa mente. Esse é o poder dos componentes visuais.

A cor – como já mencionamos anteriormente – também é um forte componente visual para transmitir emoções. Lembremos do vermelho da Ferrari (apesar de o amarelo também ser forte), do vermelho do McDonald's, dos táxis amarelos em Nova York, entre outras estratégias que visam estimular nosso sentido visual e automaticamente vinculá-lo a uma marca.

Por fim, também temos as mascotes. É o caso do famoso Ronald McDonald, que identificamos sem nenhum esforço e relacionamos à rede de *fast-food*, e que até ficou um pouco mais esbelto (perdeu a barriguinha protuberante) devido às críticas que a empresa sofreu em relação ao fato de que seus produtos poderiam causar obesidade infantil. Ou então, qual o caubói mais famoso dos últimos anos? Não é John Wayne, mas sim o dos anúncios de Marlboro. Ou o garoto-propaganda da Bombril: é impossível separarmos o mascote de sua marca, e em todos os programas em que o ator Carlos Moreno aparece é da marca Bombril que lembramos automaticamente. O robozinho do Android está a cada dia mais presente em nossos dispositivos móveis. Essa é a força do componente visual.

> **Já notou que, quando está assistindo a um filme norte--americano e os atores carregam um copo de café, logo pensamos nessa famosa cafeteria?**

COMPONENTES TÁTEIS

Quando tratamos dos componentes táteis que podem ser usados para transmitir um diferencial em relação à marca, bem como uma experiência diferenciada que poderá agregar valor ao relacionamento entre a empresa e seus consumidores, estamos nos referindo ao sentido do tato. Nesse ponto, as empresas buscam engajar estímulos, rituais e práticas associativas de conforto e bem-estar para explorar a potencialidade sensorial dos consumidores. Estudos de neuromarketing concluíram que, quando pessoas estão em um processo de negociação, por exemplo, ou em uma situação de venda, e ficam sentadas em cadeiras duras, acabam por se tornar mais fechadas devido ao desconforto que sentem. A ideia é: como estou em um ambiente "duro", também devo ser dura para melhor me adaptar ao ambiente em que este processo ocorre. Na base disso tudo, portanto, estão sensações táteis.

A pele pode ser uma fonte de contato valiosa para uma empresa transmitir experiências positivas capazes de agregar valor à marca e servir de gatilho para os atributos que queira apresentar, pois é a responsável por transmitir ao nosso cérebro sensações básicas de contato, pressão, frio, calor e dor. Com o conhecimento dessa importante vantagem que uma empresa pode ter em relação aos concorrentes, os profissionais de vendas devem ter em mente que o toque pode aproximar as pessoas. Dependendo da cultura do local em que você vive, o aperto de mãos ao se apresentar pode transmitir segurança, assim como pequenos toques nos ombros ou nas costas (embora seja preciso ter cuidado porque, com mulheres, isso pode representar uma ofensa).

Ainda em relação ao processo de negociação, estudos de neuromarketing comprovam que servir bebidas quentes relaxa as pessoas e elas ficam mais abertas às informações que serão trocadas, ou seja, baixam as defesas nos relacionamentos.

Os cinemas 4D também podem ser um exemplo do uso dos componentes táteis para transmitir uma experiência diferenciada aos consumidores. Nessas salas modernas, é possível sentir a água caindo ou a cadeira tremendo. Tudo isso reforça a experiência do filme e, portanto, da marca do cinema que você frequentou.

Nos parques da Universal Studios em Orlando, a atração do Homem-Aranha é um exemplo típico do uso de componentes táteis. Podemos sentir o calor da rajada de fogo lançada por um inimigo do herói, sem contar todo o impacto que existe em cada uma das situações em que ele lança o carro no qual os visitantes estão sentados. É uma ótima estratégia para transmitir sensações para os consumidores fazendo

É uma ótima estratégia para transmitir sensações para os consumidores, fazê-los literalmente viver o que esta sendo contado na história, imprimir maior realidade à atração.

com que literalmente vivam o que está sendo contado na história, imprimindo maior realidade à atração e conseguindo que não nos esqueçamos jamais de tal produto. É literalmente vender uma experiência diferenciada.

Apesar dessas estratégias inovadoras para trabalhar com o componente tátil, nós já o usávamos para decidir as nossas compras. Agora, porém, com o aperfeiçoamento dos estudos para entender o que se passa na mente dos consumidores, essas estratégias estão sendo mais empregadas. Note que sempre que escolhemos um automóvel para comprar fazemos um *test drive* a fim de literalmente sentir o automóvel, por exemplo, segurando o volante. Apalpamos as frutas em um supermercado para saber se estão adequadas para o consumo. Colocamos as costas da mão em uma garrafa de cerveja para sentir se está gelada. Esses são somente alguns casos em que usamos o tato para absorver informações a respeito de um produto.

Para reforçar a experiência de seu público-alvo, a marca de cerveja Heineken lançou a lata Heineken Touch com acabamento em verniz. A embalagem possui superfície em alto-relevo para provocar uma sensação tátil nos consumidores. Os lápis da Faber-Castell da coleção Eco Grip possuem pequenas esferas antideslizantes para um melhor desempenho da escrita e, assim, uma melhor experiência de uso. Há brinquedos que agora vêm em embalagem com um pequeno orifício para que possamos tocá-los antes da compra. Algumas marcas de água apresentam uma garrafa com um design específico para que possamos empunhá-las com maior segurança, já que agora aumentou consideravelmente o consumo de água e é muito comum carregar essas garrafas. A manopla de uma motocicleta, os teclados dos computadores e o touchscreen de seu smartphone, além de facilitarem o manuseio, ainda transmitem segurança e conforto. Note que sempre estivemos rodeados de estímulos táteis, mas agora as empresas os utilizam para dar destaque a suas marcas.

Veja uma ação interessante da Coca-Cola e sua icônica garrafa:

Portanto, desconstrua o seu produto para verificar se os componentes táteis poderão ser usados para proporcionar um diferencial para sua marca, como os produtos da Apple, com formato diferenciado nas linhas de tablets e a capacidade de navegação touchscreen. Ou a Coca-Cola que, no desenvolvimento de sua icônica garrafa, solicitou à empresa de design um formato diferenciado que pudesse ser reconhecido pelos consumidores até quando fosse quebrada, por um simples caco de vidro. Essa decisão tornou o formato de sua garrafa um ícone representado em todas as oportunidades pela empresa; até nas latinhas aparece a silhueta da garrafa.

COMPONENTES GUSTATIVOS

Os componentes gustativos envolvem, obviamente, o paladar do ser humano. Em termos de produtos, esse diferencial não pode ser usado em todas as situações. As aplicações mais comuns ocorrem em produtos alimentícios, bebidas e alguns produtos de higiene pessoal.

Com relação aos produtos de higiene pessoal, temos o exemplo da Colgate, que patenteou o sabor de sua pasta de dente por acreditar que poderia ser um fator diferenciador de seu produto em relação aos dos concorrentes e como uma tática de posicionamento. Ainda pensando em produtos para higiene bucal, note que esperamos que o nosso creme dental transmita uma sensação de frescor e que essa sensação, indiretamente, nos transmite a sensação de limpeza que esperamos obter com o uso do produto. Os enxaguantes bucais devem ter gosto de remédio; apesar de isso não influenciar seu desempenho, esperamos esse sabor porque acreditamos que assim serão mais eficazes.

Muitas empresas criam sabores diferenciados para convencer os consumidores de que seus produtos são únicos em termos de mercado.

Algumas marcas de chiclete procuram trabalhar com sabores diferenciados para transmitir experiências únicas aos consumidores, principalmente quando pensamos que uma grande parte deles são jovens que buscam novas experiências em todos os relacionamentos com marcas. Muitas empresas criam sabores diferenciados para convencer os consumidores de que seus produtos são únicos em termos de mercado.

Partindo do pressuposto de que os consumidores procuram novas experiências, temos o exemplo da marca de refrigerante Fanta, que traz o sabor abacaxi nos Estados Unidos e em Portugal, banana com leite no Japão, morango nos Estados Unidos, entre outros. Essa oferta de sabores diferenciados para transmitir aos consumidores sensações também diferenciadas objetiva desenvolver estímulos sensoriais únicos para a marca.

Também temos a marca de salgadinhos Doritos, da Pepsico, com sabores exclusivos que entraram no mercado brasileiro em 2014 com a linha Doritos Power. Esses produtos têm sabor mais intenso e mais crocante com o objetivo de fortalecer seu posicionamento no mercado.

Desconstrua o seu produto e analise a força de seu componente gustativo.

Lembremos o famoso caso do cigarro Lucky Strike: para conseguir um melhor posicionamento no mercado oferecendo uma sensação gustativa diferenciada para os consumidores, a empresa lançou em 1916 o slogan "It's Toasted" para descrever seu processo de produção que, na época, era mais tostado do que desidratado. Foi um sucesso porque, na percepção dos consumidores, o simples fato de ser tostado poderia dar melhor sabor ao seu produto e, assim, criar um diferencial para a marca.

Portanto, quando trabalhamos com o componente gustativo, um dos principais objetivos é transmitir um diferencial em relação aos produtos rivais por meio de um sabor único ou da sensação que possa provocar. Assim, desconstrua o seu produto e analise a força de seu componente gustativo.

Veja como o caso do cigarro Lucky Strike foi apresentado no seriado Mad Men:

COMPONENTES SONOROS

Os componentes sonoros, junto com os componentes visuais, talvez sejam os mais comuns em nossa sociedade ocidental, ao menos em se tratando de marketing. Constatamos que a maioria das mensagens publicitárias usa o som com frequência, tanto em propagandas na televisão como no cinema, no rádio, na internet, em carros de som, no PDV (ponto de venda) ou nos dispositivos móveis. Portanto, o componente sonoro é muito importante, não apenas na forma de jingles – que muitas vezes "colam" em nossa memória auditiva – como, por exemplo, o som transmitido pelo próprio aparelho, como quando ligamos o computador e ouvimos o som característico do Windows sendo iniciado na máquina.

Dada a importância do som para criar uma identidade de marca, as grandes corporações investem vultosos recursos para garantir que determinados apelos auditivos estejam relacionados à sua marca e sirvam como gatilho para evocar a lembrança de seu produto; quer dizer, quando o consumidor escutar aquele estímulo sonoro, ele imediatamente se lembrará da marca ou de uma experiência agradável ligada à empresa. Essa situação já ocorre de modo natural em nossa vida. Alguns produtos ativam em nosso subconsciente gatilhos já incorporados de nossa cultura, que fazem parte de nossos rituais diários e espontaneamente nos fazem lembrar de algumas situações que já vivemos.

Quando ouvimos a chamada do programa *Globo Esporte*, da TV Globo, nos lembramos automaticamente de que está na hora do almoço; esse som já faz parte de nosso cotidiano. A música de encerramento do programa dominical *Fantástico* nos lembra que o final de semana terminou (o que pode induzir tristeza pelo término do descanso e o início de uma nova semana de trabalho). Também temos a música do "Plantão" do Jornal da Rede Globo que chama nossa atenção porque imaginamos que alguma tragédia acabou de ocorrer. Note como os gatilhos auditivos são importantes para despertar sentimentos ou para nos lembrar de situações que nos marcaram (pessoalmente, sempre que ouço a chamada do "Plantão" do Jornal da Globo lembro da morte do piloto Ayrton Senna; alguns se lembram do 11 de Setembro). Reparou como os estímulos sonoros são eficientes para nos trazer à lembrança situações que vivemos, recordando emoções que já experimentamos? Então, por que não os usar a fim de transmitir emoções para uma marca?

A Kellog's, nos Estados Unidos, desenvolveu em laboratórios especializados em componentes sonoros um som peculiar que pudesse transmitir a textura e o sabor de seus produtos, a saber, o som da crocância tão característico e esperado pelos consumidores. Com essa estratégia, Lindstrom menciona em seu livro *Brand Sense* que as vendas aumentaram vertiginosamente, devido à associação do som crocante ao produto. A Kellog's usou um gatilho por meio do qual sempre que os consumidores ouviam o som crocante, imediatamente se lembravam da marca. Estabeleceu-se assim uma ligação inconsciente, da mesma maneira que ocorre com as chamadas dos programas mencionados anteriormente.

Isso acontece porque, em nossa memória, o som está vinculado a determinados sentimentos e emoções. Note sua importância nos filmes. Uma cena de suspense consegue criar calafrios no público somente com

O que seria do filme *Tubarão* de Spielberg sem a famosa trilha sonora que ouvimos quando alguém está prestes a ser devorado?

o som que nos prepara para uma dada situação, gerando a expectativa do que poderá acontecer, ou como pano de fundo para algo que já aconteceu e necessita de maior dramaticidade, um "empurrãozinho" que possa nos emocionar. O que seria do filme *Tubarão*, de Spielberg, sem a famosa trilha sonora que ouvimos quando alguém está prestes a ser devorado? Ou a tensão que experimentamos em *Psicose*, antes de a atriz ser atacado no chuveiro? O som gutural que Linda Blair emite no filme *Exorcista* até hoje nos apavora, depois de quase 40 anos... Esse é o poder do componente auditivo para evocar emoções no público-alvo.

O som possui essa estreita ligação com a nossa vida, e as empresas precisam pensar em maneiras de criar gatilhos. Com os avanços tecnológicos, alguns sons presentes em nosso cotidiano podem simplesmente desaparecer, mas não de nossa memória. As máquinas caça-níqueis em Las Vegas evoluíram. O famoso Hotel Cassino Bellagio há alguns anos trocou suas máquinas na tentativa de modernizá-las, e assim deixou para trás o som das moedas caindo quando alguém recebia um prêmio. Foram surpreendidos: sem o som peculiar alertando para um novo sortudo, ocorreu uma redução no número de apostadores.

Eles estavam acostumados a ouvir o som das máquinas quando alguém ganhava um prêmio e, sem esse estímulo, que já fazia parte do ritual dos cassinos, a sensação era de que ninguém estava ganhando nos caça-níqueis. Solução: tiveram de readaptar as máquinas para que voltassem a fazer barulho quando alguém ganhava. Somente assim as apostas voltaram a aumentar. Estavam em jogo os estímulos sonoros que automaticamente associamos a determinados produtos ou sensações. No caso dos cassinos, apenas o fato de não haver mais o barulho das moedas quando alguém ganhava transmitiu a sensação de que algo estava faltando.

Nas lojas da Victoria's Secret, o som ambiente traz peças de música clássica para demonstrar o prestígio que a marca possui e, mais importante, existe uma sinergia entre a marca e o componente auditivo usado para estimular os consumidores.

Temos também vários sons que estão automaticamente impregnados em nossa memória e instantaneamente nos fazem lembrar alguns produtos ou marcas. O barulho de uma garrafa sendo aberta instantaneamente nos remete a uma Coca-Cola. O som do motor de uma Harley-Davidson é inconfundível na percepção dos consumidores; embora constantemente seja alvo de imitação por parte da concorrência, transmite a potência de seu produto e consegue abarcar todos os diferenciais da marca, entre eles a rebeldia de seus usuários. O som do radiocomunicador da Nextel sendo acionado no momento em que a pessoas fala está tão incorporado em nosso cotidiano que, em qualquer situação em que o ouvimos, nos lembramos da marca (de modo positivo para alguns e negativo para aquelas pessoas que se incomodam com a intromissão do aparelho).

Também não podemos esquecer os jingles. Quando bem trabalhados, possuem a habilidade de, literalmente, "grudar" em nossa memória. Basta que alguém os repitam ao nosso lado que passaremos a lembrá-los o dia todo, como a trilha do refrigerante Dolly, ou a das sandálias Ipanema ("Só Ipanema tem, as anatômicas..."), lembrou? Há o jingle da campanha do guaraná Antarctica da década de 1990 – "Pipoca com Guaraná" – que, na época, foi um enorme sucesso. Para os mais antigos, temos da década de 1980 a música do Danoninho ("Me dá, me dá, me dá, me dá Danoninho...").

Veja os jingles citados:

Ou os ingredientes de um Big Mac eternizados em uma de suas campanhas publicitárias ("Dois hambúrgueres, alface, queijo, molho especial, cebola, picles, no pão com gergelim") – excelente estratégia de posicionamento de marca com o uso dos componentes sonoros para tatuar as marcas em nossa memória.

Portanto, ciente da importância dos componentes sonoros, desconstrua a sua mensagem de marketing e verifique se existe algum componente nessa categoria que possa ajudar a criar um gatilho em seu consumidor-alvo ou que ajude a criar uma identidade para sua marca.

COMPONENTES OLFATIVOS

Chegamos ao último dos componentes sensoriais que podemos trabalhar no produto para transmitir uma experiência superior à dos concorrentes: o olfato. Esse sentido é usado com muita frequência pelas empresas para despertar sentimentos agradáveis vinculados à marca ou ao produto. Para pesquisadores comportamentais, é um dos sentidos mais fortes para resgatar lembranças na mente do consumidor e, assim, criar gatilhos que possam fazer a marca ser lembrada e garantir seu adequado posicionamento mercadológico. Especificamente, o olfato é poderoso devido à sua íntima relação com a respiração; portanto, em todos os momentos, estamos sujeitos a estímulos sensoriais olfativos.

Dentre os sentidos, o olfato é o mais primitivo e está localizado na mesma parte do cérebro que afeta as emoções, a memória e a criatividade. É ele que nos permite identificar alimentos, perfumes, flores e outras pessoas. Por outro lado, é um importante mecanismo de defesa quando identificamos odores que possam nos trazer consequências indesejáveis – como alimentos estragados – e nos alertar para situações de emergência – como fogo ou vazamento de gás.

É impossível não se render ao cheirinho de pão que acabou de sair do forno, ou ao aroma de um café que acabou de ser feito. Os aromas são informações tão fortes que instintivamente os relacionamos a produtos ou situações ligadas à nossa vida, como pipoca e cinema, cheiro de remédio e hospital, carne de churrasco e diversão etc.

Há muito tempo a indústria automobilística desenvolve o aroma de carro novo, que é borrifado nos automóveis ao sair da linha de montagem. Esse aroma não existe naturalmente; foi criado pelas montadoras para despertar sensações específicas no novo comprador. É tão marcante que, no lançamento do modelo Lancer Evolution X, nos Estados Unidos, a Mitsubishi veiculou uma propaganda em jornais com esse cheiro de carro novo, o que levou a um aumento de 16% em suas vendas. No Natal de 2001, a Bauducco espalhou o aroma de panetone em 32 salas de cinema enquanto suas propagandas eram veiculadas. Lojas do segmento "faça você mesmo", na Alemanha, espalham cheiro de grama para criar um vínculo natural com os afazeres de final de semana, entre eles, cortar a grama.

O olfato é importante em nosso cotidiano porque, além de nos lembrar de determinadas situações pelas quais já passamos, nos permite recordar não apenas do aroma, mas de todos os detalhes que envolveram tais situações, onde e com quem estávamos, os sentimentos envolvidos, entre outras lembranças que são ativadas no momento em que sentimos esses odores.

Verifique a possibilidade de criar aromas diferenciados que possam evocar estímulos positivos em seu público-alvo, ainda mais sabendo de todos os benefícios que o olfato pode trazer para sua marca.

Tendo em mente as possibilidades que o marketing pode criar para trabalhar com o olfato, o Burger King, em Madri, instalou em pontos de ônibus e outros locais de grande circulação de pedestres anúncios com cheiro de seu produto Whopper e fumaça de verdade. O objetivo da empresa era instigar os consumidores com o cheiro do produto, estimular uma necessidade básica (seguramente muitas pessoas ficaram com água na boca) e fortalecer o seu posicionamento em relação ao concorrente direto, o McDonald's: enquanto este é frito, o Burger King é grelhado e um diferencial de seu produto, portanto, é o cheiro. Assim, podemos perceber muitas possibilidades à disposição das empresas quando se trata do estímulo olfativo.

Portanto, verifique a possibilidade de criar aromas diferenciados que possam evocar estímulos positivos em seu público-alvo, ainda mais sabendo de todos os benefícios que o olfato pode trazer para sua marca.

Veja um caso de marketing olfativo da Dunkin' Donuts:

COMO AVALIAR A ESTRATÉGIA DE BRANDING SENSORIAL?

Agora que você já desconstruiu seu produto para identificar quais componentes sensoriais podem ser mais eficazes, vamos avaliar se esses componentes realmente serão benéficos para sua empresa.

Como o nosso objetivo é pensar em meios de contato dos produtos com os consumidores além de sentidos tradicionais como a visão e a audição, uma maneira de analisar o potencial de seu branding sensorial diz respeito aos **pontos de contato**. Nessa fase, realiza-se praticamente uma auditoria da marca para analisar quais atributos de seu produto poderão ser otimizados no contato com o consumidor. Sabemos que pode ser difícil transmitir sensações diferenciadas envolvendo alguns sentidos, por exemplo, trabalhar o paladar em relação a automóveis ou furadeiras elétricas. Sendo assim, cabe ao gestor mercadológico verificar que pontos de contato do produto poderão com maior eficiência transmitir os diferenciais do produto e da marca.

Lembre-se de que, em muitas situações, por mais que você deseje usar os componentes da marca para despertar sensações positivas nos consumidores, isso pode se mostrar inviável. Assim, sugerimos a desconstrução da marca para identificar quais pontos do produto poderão ser mais bem trabalhados por sua estratégia.

A atual intensificação dos relacionamentos digitais terminou por reduzir para alguns componentes do produto a possibilidade anterior que tinham de criar uma experiência sensorial diferenciada, ativando, por exemplo, o olfato e o tato. Desse modo, caso sua empresa trabalhe com mais intensidade as transações digitais, os componentes sensoriais devem ser transmitidos para a navegação de seu site, de sua mídia digital ou aplicativo, por exemplo, aumentando a facilidade de navegação que poderá ser aplicada ao componente tátil, ou usando uma plataforma simples, como o Google, que poderá trabalhar com os componentes visuais; repare se é possível identificar uma página de seu site em qualquer situação, devido à clareza com que funciona seu mecanismo de busca. Você pode usar as tecnologias da realidade aumentada para levar os consumidores a uma experiência diferenciada no relacionamento com sua marca ou seu produto.

Portanto, faça uma análise detalhada dos componentes do produto para identificar os que têm maior possibilidade de engajar os sentidos do consumidor e para verificar como suas estratégias de comunicação poderão trabalhar a seu favor.

Outro ponto que devemos analisar no momento de tratar o relacionamento entre empresa e público-alvo, no sentido de potencializar os sentidos dos consumidores, é a **sinergia** entre os atributos e a marca. De nada adianta o seu produto possuir um componente que possa transmitir fortes sensações para os consumidores se esses atributos não estiverem relacionados à potencialidade da marca. Há produtos cujos componentes sensoriais, embora fortes, não agregam verdadeiramente nenhum valor à marca. É o caso do cheiro intenso de alguns alimentos, como frutos do mar, o som de alguns automóveis ou a textura de algumas frutas. São componentes sensoriais marcantes que, porém, não agregam valor a uma marca específica, apenas a uma categoria de produto. Nesses casos, devemos pensar se vale a pena investir nesses componentes, porque o consumidor não identificará se o produto é de sua empresa ou do concorrente e poderá haver situações nas quais seus investimentos em marketing ajudarão não apenas sua empresa, mas também sua concorrência. Não é muito inteligente fazer propaganda para o inimigo, certo?

> **Devemos analisar, no momento de tratar o relacionamento entre empresa e público-alvo, como potencializar os sentidos dos consumidores, promovendo a sinergia entre os atributos e a marca.**

Assim, podemos entender que a sinergia consiste na ligação íntima entre os atributos do produto e os sentidos que devem ser despertados para fortalecer a marca. As embalagens dos produtos da Apple são adequadamente trabalhadas para transmitir uma sensação diferenciada da marca. Sempre *clean*, fáceis de serem abertas e com design diferenciado, levam muitas pessoas a colecioná-las por todos esses

MUITA ATENÇÃO PARA ESSE DETALHE, PORQUE SE AS EXPECTATIVAS DE SEUS CONSUMIDORES NÃO FOREM ATENDIDAS DE FORMA SATISFATÓRIA, A PROPAGANDA NEGATIVA TERÁ UM VASTO CAMPO PARA PROLIFERAR.

diferenciais. Existe sinergia entre a embalagem, o componente tátil e os atributos do produto e, consequentemente, da marca.

Os componentes sensoriais devem ser **consistentes** com a proposta da empresa, ou seja, devem possuir a capacidade de cumprir o que estão prometendo. Sua proposta de diferenciação deve estar de acordo com os estímulos despertados no consumidor. Apesar de isso ser lógico, ainda verificamos no mercado muitas situações nas quais o produto trabalha de forma consistente seus estímulos, mas, no momento em que o consumidor adquire o produto, as promessas alimentadas em seu subconsciente não são cumpridas, como aquele café com um aroma espetacular, mas cujo sabor não é bom, seja por sua qualidade ou por algum problema no momento do preparo.

Ficou famosa a cena do filme *Um dia de fúria* na qual o personagem de Michael Douglas entra em uma lanchonete após um começo de dia no qual tudo estava dando errado. Ao pedir o café da manhã, ouve da atendente que o horário para esse tipo de pedido já havia passado, embora apenas por alguns minutos, mais precisamente três. Após uma breve discussão com a atendente, que nega sua solicitação, e após disparar alguns tiros no estabelecimento (não faça isso quando a atendente insistir em cumprir à risca um procedimento interno, por mais absurdo que seja), ele resolve mudar o pedido por um sanduíche que, a julgar pelo menu, parecia muito suculento. Quando recebe o pedido, nota que está totalmente diferente do anunciado. Enquanto a foto exibia um lanche de aparência extremamente saborosa, o recebido por ele era pequeno, amassado e totalmente diferente da imagem divulgada. Isso o levou a outro ataque de fúria, porque suas expectativas não foram atendidas (mas não vou revelar o que houve para não estragar a surpresa daqueles que ainda não assistiram ao filme).

Portanto, para não causar um dia de fúria em seus consumidores, lembre que os estímulos visuais devem estar de acordo com o produto. A promessa deve ser cumprida. Com isso em mente, você se lembra de alguma lanchonete em que ocorre a mesma situação? O aviso de "imagens meramente ilustrativas" não irá ajudar se a promessa não for cumprida, lembre-se sempre disso.

Lembre-se também de que seu estímulo sensorial deve ser **ímpar**, único, autêntico. Caso seu componente sensorial for igual ao da concorrência, não levará a uma identificação por parte dos consumidores e sua empresa ainda corre o risco de fazer propaganda para os rivais.

Os copos descartáveis da Starbucks são únicos. Qualquer empresa que tentar usar esse mesmo componente sensorial fará propaganda para a concorrência porque, ao enxergarmos esse estímulo, lembraremos automaticamente da Starbucks e não da outra companhia. Nesse sentido, há várias empresas produzindo aromas apropriados para sua marca a fim de se diferenciar dos concorrentes. Esses aromas são desenvolvidos por empresas especializadas e, por serem feitas sob encomenda, conferem autenticidade ao produto.

Os estímulos sensoriais devem despertar **sentimentos positivos**. Também sabemos que isso é lógico, mas para alguns setores esse atributo pode ser um pouco difícil, principalmente quando sabemos que certos gatilhos culturais estão instalados em nosso subconsciente, como o som da sirene de uma ambulância, sons de tiros, cheiro de hospital etc. Esses são aspectos que dificilmente conseguiremos mudar e, naturalmente, devem ser usados com cautela pelas empresas a fim de criar vínculo com a marca.

> **Contando que a maioria das decisões de compra é tomada no subconsciente ou no piloto automático, uma das estratégias de marketing mais importantes é o posicionamento da marca.**

Contando que a maioria das decisões de compra é tomada no subconsciente ou no piloto automático, uma das estratégias de marketing mais importantes é o posicionamento da marca. Quando uma marca está adequadamente posicionada na mente do consumidor, ela será a primeira que virá a sua mente no momento de decidir a compra. Talvez o consumidor não escolha essa marca, mas ao menos ela estará entre suas opções de compra.

Partindo desse pressuposto, é importante que os componentes sensoriais de seu produto ajudem a **fortalecer o posicionamento**, ou seja, consigam despertar certos gatilhos que levem os consumidores a lembrar dos atributos da marca. Quando ouvimos o som de uma Harley-Davidson, os gatilhos são ativados em nossa mente e automaticamente lembramos a potência da marca e sua rebeldia. Isso ajuda a empresa a fortalecer o seu posicionamento junto ao seu público-alvo.

Os gatilhos que ajudam a fortalecer o posicionamento de uma empresa podem variar de consumidor para consumidor e também de acordo com as experiências que tiveram com a marca. Se as experiências tiverem sido negativas, os gatilhos podem despertar sentimentos negativos; se tiverem sido positivas, as reações serão positivas. Para algumas pessoas, o som característico de um computador sendo ligado com a abertura do Windows pode trazer sentimentos negativos para a marca se elas tiveram algum problema de incompatibilidade do programa, lentidão ou outros contratempos. Para alguns, o "Tema da Vitória", tocado em cada uma das vitórias de Ayrton Senna, traz boas lembranças, mas para outros, tristeza.

Portanto, é fundamental que os gatilhos relacionados aos sentidos sejam capazes de transmitir um posicionamento adequado para a empresa e fortalecê-lo, gerando consequentemente sensações positivas em seu público-alvo.

Como acompanhamos neste capítulo, trabalhar os vários pontos de contato que o seu produto possui é fundamental no contexto em que as empresas estão inseridas. Trata-se de entender que os consumidores podem ser estimulados por outros sentidos que não apenas o visual e o auditivo; e que literalmente somos uma máquina de sentidos que podem ser usados para criar um diferencial competitivo para o produto.

ESTUDO DE CASO

"O segredo está no cheiro"

REVISTA EXAME

N a publicidade, já se tornou clichê dizer que uma imagem vale mais que mil palavras. Bebês fofos, bichinhos de estimação carentes, praias paradisíacas, tudo isso já foi exaustivamente usado pelos publicitários para atrair consumidores. Agora, empresas de setores tão diversos como o de vestuário e o automobilístico estão descobrindo o que parece ser a nova máxima da publicidade: que um aroma pode valer mais que mil imagens. Cerca de 20 empresas especializadas no chamado marketing olfativo já movimentam quase 100 milhões de dólares por ano em todo o mundo. Suas fragrâncias vêm sendo disputadas por marcas como a coreana Samsung, a inglesa Rolls-Royce e até a brasileira O Boticário. "Nos últimos tempos, esse setor tem crescido mais de 70% ao ano", diz Roberto Álvarez Del Blanco, professor de marketing da IE Business School em Madri. "Muitas empresas desejam contar com uma espécie de assinatura olfativa."

A julgar pelos resultados obtidos por algumas marcas, pode-se entender o apelo da mais nova estratégia de marketing. A pedido da Samsung, a americana International Flavors & Fragrances (IFF) desenvolveu no final do ano passado uma fragrância à base de melão para ser borrifada nas 52 lojas-conceito da fabricante de eletroeletrônicos espalhadas pelo mundo. Nesses pontos de venda, os consumidores passaram a gastar até 30% mais tempo interagindo com os eletrônicos do que nas lojas convencionais – e, de quebra, identificaram o aroma do ambiente a características como inovação e sofisticação. Há cerca de dois anos, a rede de vestuário americana Abercrombie & Fitch começou a perfumar os corredores de suas lojas com uma fragrância à base de rosas e laranja. Fez tanto sucesso que a empresa decidiu engarrafar a essência e vendê-la aos clientes. A fragrância funciona como uma extensão do perfume Fierce, que já rendeu mais de 250 milhões de dólares à empresa. A rede paranaense O Boticário foi uma das primeiras brasileiras a embarcar nessa onda. Em agosto do ano passado, a companhia lançou o primeiro cartão de crédito perfumado do mundo, em parceria com o Bradesco. Ao passar o cartão pela maquininha ou esfregá-lo com as mãos, o atrito libera um odor com notas de rosas e jasmim – algo que, para a maioria das mulheres, só vem aumentar a sensação de bem-estar após as compras. A iniciativa deu tão certo que, no primeiro semestre deste ano, as vendas do tal cartão aromatizado cresceram 20%, ante a média de 12% do mercado. "Você não pode simplesmente 'desligar' o olfato", diz Harald Vogt, presidente da consultoria americana Scent Marketing Institute. "O aroma fica na cabeça dos consumidores."

A recente empolgação em torno do marketing olfativo tem como pano de fundo uma explicação biológica. Um estudo realizado pelo IFF em parceria com o hospital francês Raymond Poincaré revela quão poderosa é a ligação entre o olfato e o sistema límbico, a área do cérebro responsável por controlar as emoções e a memória. Depois de passar 12 meses em coma, um dos pacientes voltou a falar ao ser exposto ao cheiro de uma marca de pães que ele costumava comer durante a infância. Um fumante que havia perdido a fala após um acidente de moto chegou a pronunciar algumas palavras ao sentir o cheiro de essência de tabaco, encontrada na maioria dos cigarros. "O olfato é o nosso sentido mais primário", diz Renata Ashcar, especialista em perfumes e autora do livro *Brasilessência: a cultura do perfume*. "É por meio dele que acessamos nossas memórias profundas." Foi com base nesse raciocínio que a aristocrática Rolls-Royce conseguiu resolver o que até então parecia um enigma indecifrável. Ao longo dos últimos dez anos, seus clientes vinham se queixando insistentemente de que os carros da marca não conseguiam manter o mesmo *glamour* de antigamente. Após uma série de pesquisas, os executivos da montadora chegaram à conclusão de que a principal diferença entre os automóveis de agora e aqueles produzidos quase meio século atrás – afora os novos itens de tecnologia e segurança – era o cheiro. O interior dos "Rollers" da década de 1960 era produzido com madeira, couro e lã, matérias-primas substituídas por espuma e plástico nos modelos atuais. A solução foi reproduzir em laboratório o aroma do clássico Silver Cloud 1965. O "perfume" foi desenvolvido com base em 800 elementos encontrados nos automóveis originais; até o cheiro do combustível da época foi levado em conta. Hoje, nenhum Rolls-Royce sai da fábrica sem receber uma injeção do líquido sob os bancos. Uma pesquisa feita pela empresa mostrou que, para os clientes, o problema tinha sido resolvido e a aura de sofisticação de seus carros estava de volta.

Nessa busca por cheiros mágicos (e lucrativos), algumas empresas bateram cabeça. Um dos fiascos mais recentes foi o da rede americana de varejo Bloom. Para promover uma nova linha de cortes de carne, a empresa instalou no início de junho um imenso *outdoor* numa das rodovias mais movimentadas do estado da Carolina do Norte. Duas vezes ao dia ele emitia cheiro de churrasco na tentativa de abrir o apetite de quem passava pela área. A ideia pareceu genial, mas, por causa dos ventos, pouca gente conseguiu de fato sentir o aroma. A ação foi suspensa um mês mais tarde. Em 2006, a campanha Got

Milk?, criada pelo governo da Califórnia para incentivar o consumo de leite no estado, despertou a ira de consumidores na cidade de São Francisco ao aromatizar pontos de ônibus com cheiro de biscoitos (é um tradicional hábito americano comer *cookies* embebidos em leite). A ação foi execrada publicamente por não levar em conta a angústia das pessoas intolerantes à lactose ou mesmo do grupo de mendigos na região, sem acesso à bebida e, obviamente, nem ao tal biscoito. Embora o cheiro fosse uma delícia, no dia seguinte a campanha teve de ser cancelada.

Fonte: <http://exame.abril.com.br/revista-exame/edicoes/973/noticias/segredo-esta-cheiro-586533>.

1. Como acompanhamos neste capítulo, o branding sensorial é uma estratégia usada pelas organizações a fim de potencializar as experiências dos consumidores em relação às suas ofertas. Trata-se de ir além dos estímulos visuais e auditivos que as empresas normalmente usam em suas estratégias mercadológicas. Em relações a essas estratégias, enumere os motivos pelos quais as empresas estão cada vez mais usando o branding sensorial.

2. Pode-se afirmar que todos os produtos possuem os componentes sensoriais que mencionamos no capítulo? Se eventualmente um produto não possuir tais componentes, existe a possibilidade de criá-los?

3. Imagine que você é o gestor mercadológico de uma empresa de pequeno porte no setor de prestações de serviços, e que sua empresa atua na terceirização de serviços de segurança, oferecendo aos clientes serviços de ascensorista de elevador, recepcionista e guarda. Como você conseguiria convencer a cúpula de sua empresa a usar o branding sensorial? Quais as vantagens que uma empresa prestadora de serviços poderia obter?

4. Ainda com base na questão anterior, que componente sensorial seria o mais adequado para ser trabalhado?

5. Com base no texto *O segredo está no cheiro*, estabeleça uma relação entre os casos apresentados e os conceitos que introduzimos neste capítulo. Quais os pontos fortes e os pontos fracos das estratégias usadas? Existem outros componentes descritos no capítulo que poderiam ser usados pelas empresas citadas no texto?

Modelos virais

APRESENTAÇÃO

Em virtude da quantidade de informações e mensagens de marketing que um consumidor comum recebe diariamente, torna-se cada vez mais difícil para uma organização transmitir uma mensagem com retenção efetiva. Agora, e se seus próprios clientes, por meio de suas redes de contato, compartilhassem as informações de sua organização? Em vista dessa possibilidade, apresentamos neste capítulo o marketing viral como um tipo de estratégia boca a boca para que os próprios consumidores compartilhem os produtos e as ideias de uma empresa. Essa seria uma forma de literalmente quebrar o bloqueio que os consumidores criam para se defender da avalanche de mensagens que recebem no dia a dia.

A IMPORTÂNCIA DO BOCA A BOCA

Seria difícil iniciar este capítulo tratando das mudanças pelas quais
passa a sociedade e que interferem diretamente nas estratégias de
marketing adotadas pelas organizações. São tantos fatores a mencionar que não haveria espaço para discuti-los como merecem. Cientes
dessa limitação, iremos discorrer apenas a respeito daqueles que podem influenciar diretamente as organizações e o relacionamento com
seu mercado-alvo, mais precisamente em termos de comunicação
com foco em marketing. Ainda assim, esboçare-
mos apenas uma introdução para embasar as
abordagens mercadológicas que discutiremos
aqui: os modelos virais.

> Encontramo-nos em meio a uma revolução nos mesmos moldes (talvez mais intensa) da que transformou a economia e a sociedade no final do século XVIII e no início do século XIX.

Encontramo-nos em meio a uma revolução nos
mesmos moldes (talvez mais intensa) da que transformou a economia e a sociedade no final do século XVIII e no início do século XIX: a Revolução
Industrial. Se esta representou o início da produção e do consumo em massa, influenciando todos os modelos empresariais do último século, a que presenciamos, seja descrita como uma
revolução na integração dos meios de comunicação individualizados
para a comunicação em massa, como a revolução dos novos modelos
de fabricação, automação, estratégicos e mercadológicos, ou por meio

de quaisquer outras denominações que venham a ser usadas, o que podemos afirmar é que se trata de uma revolução sem precedentes em termos sociais, tecnológicos e econômicos. Uma verdadeira ruptura no mundo dos negócios.

Diante de todas as nomenclaturas que se podem usar para identificar a atual revolução, propomos que a chamemos de Revolução do Consumidor. Isso porque, apesar de ainda enfrentarmos problemas comerciais de relacionamento com muitas empresas que continuam tratando de modo inadequado os seus clientes, o poder está, como nunca antes na história do consumo, nas mãos do consumidor.

Melhor dizendo, nos aparelhos que são como uma extensão de sua mão, ou seja, todos os dispositivos móveis que ele tem atualmente em seu poder para se relacionar com as empresas. Hoje, basta o uso de um aplicativo para que as pessoas se organizem, falem das empresas e, principalmente, contem sua história.

Ofertas feitas sem a anuência do consumidor acabam se tornando spam; é como entrar em uma festa sem ser convidado.

Apesar de parecer uma frase de efeito, já mencionada por vários teóricos, o que presenciamos hoje com todas essas transformações é uma mudança no relacionamento entre empresas e consumidores. Se, antes da virada do século, o relacionamento se dava da empresa para o consumidor em um processo de mão única, no qual o segundo era obrigado a aceitar passivamente o que as organizações impunham tanto em termos de produtos como de serviços e modelos de comunicação, hoje o relacionamento se desenvolve no plano consumidor-consumidor por meio de comunidades, sejam elas virtuais ou não.

Se sobrar algum espaço, talvez esse relacionamento possa avançar para consumidor-consumidor-empresa. Mas, se as empresas conseguirem penetrar nessas tribos digitais será somente para compartilhar informações, não para vender seus produtos, porque, se tentarem ostensivamente os vender, esses grupos fecharão as portas para essas ofertas e, o que é pior, dada a intensificação dos relacionamentos virtuais, irão criticar a tentativa de invasão por parte da empresa.

Hoje, os consumidores querem compartilhar histórias, não ofertas de empresas. Ofertas feitas sem a anuência do consumidor acabam se tornando spam; é como entrar em uma festa sem ser convidado. Não é uma boa alternativa. A tática agora é o marketing de permissão, em que se pede licença aos grupos para se relacionar com eles e para que a mensagem possa ser viralizada com maior veracidade e intensidade em todos os pontos de contato desse grupo de consumidores.

Também vivemos em um mundo onde os consumidores estão cada vez mais resistentes ao marketing. São tantas as iniciativas de abordá--los por meio do modelo tradicional que os consumidores literalmente criam um escudo protetor para se defender da quantidade de estratégias promocionais que tentam a todo custo capturar sua atenção. Segundo especialistas, um consumidor norte-americano pode ser bombardeado por aproximadamente 1.550 anúncios por dia, dos quais poucos ficarão gravados em sua mente, ou seja, serão efetivos.

Nessa situação, torna-se imperativo parar de usar o marketing tradicional para alcançar as pessoas e, em vez disso, criar um meio pelo qual os consumidores possam negociar entre si. Isso significa que a tradicional via de mão única por meio da qual as organizações antes ditavam o relacionamento com os consumidores deixa de existir, e a comunicação migra para o comando dos próprios consumidores, cada vez mais informados, descrentes dos objetivos das organizações, conectados e propensos a compartilhar suas ideias com um grupo maior de pessoas com quem mantêm um relacionamento, seja ele físico ou virtual.

É nesse cenário que os consumidores criam um "escudo protetor" contra as abordagens do marketing, talvez inclusive devido às inúmeras situações nas quais as promessas das empresas não foram e nem são cumpridas, ou à falta de foco em um público-alvo compatível com a comunicação pretendida pelas organizações. Assim, mais cientes do que as empresas gostariam, os consumidores preferem transacionar informações no âmbito de seu próprio grupo, deixando pouco ou quase nenhum espaço para as empresas.

> **Nesse cenário, os consumidores criam suas tribos para compartilhar informações entre eles, deixando pouco ou nenhum espaço para as organizações.**

Preferem compartilhar vídeos – de empresas ou não – com seu grupo social e indicar-lhe ofertas; e, talvez o mais complicado para as empresas, se uma promessa não for cumprida da maneira adequada, os consumidores também irão compartilhar sua indignação em seus fóruns sociais. Essa situação aumenta a necessidade de os formadores de opinião fazerem a mensagem chegar a todas as tribos com desejos e necessidades semelhantes para ser compartilhada entre seus membros. Por isso, as organizações precisam – e muitas já estão desenvolvendo – de alternativas para tornar efetivo o relacionamento com os consumidores por meio de estratégias de marketing e comunicação, a fim de entender suas necessidades e desejos e oferecer o melhor produto ou serviço.

É nesse contexto que vamos apresentar as estratégias de marketing viral e buzz marketing como alternativas para as organizações conseguirem criar um relacionamento harmonioso com seus mercados. Salientamos aqui que são de fato alternativas, visto que as estratégias convencionais, apesar de suas limitações, ainda são muito efetivas em determinadas situações, e continuam as principais opções para muitas empresas. Os modelos que apresentaremos servem como apoio às abordagens tradicionais, para intensificá-las e torná-las mais efetivas.

Veja o que diz Seth Godin sobre as tribos:

MARKETING BOCA A BOCA

Sempre que pensamos em marketing viral ou buzz marketing, a primeira ideia que devemos ter em mente é o boca a boca, ou, em termos mercadológicos, o marketing boca a boca. Podemos entender essa estratégia como uma ferramenta de marketing e comunicação que usa a habilidade da conversação entre pessoas para difundir uma ideia junto a um público-alvo.

O marketing boca a boca consiste em ações mercadológicas com o objetivo de dar às pessoas um motivo para falar a respeito de produtos, empresas, situações de compra e, por meio de mecanismos disponíveis no mercado ou na empresa, facilitar a ocorrência dessas conversas. Você já reparou que, quando somos bem atendidos por uma empresa, a primeira coisa que costumamos fazer é compartilhar nossa experiência, seja nos meios físicos ou virtuais? Quando uma empresa nos surpreende com uma oferta diferenciada, ou quando uma empresa resolve um problema de forma simples e rápida, comentamos esses fatos em nossos grupos sociais.

Isso ocorre devido à nossa habilidade de contar histórias, sejam elas pessoais ou sobre uma organização; negativas ou positivas, o que queremos é compartilhar. Assim, por que não possibilitar aos consumidores contar sua experiência positiva para um número maior de pessoas? Por que não ajudá-los a contar para amigos e conhecidos suas histórias sobre a experiência que tiveram com uma empresa? Esse é um dos pontos centrais deste capítulo: como proporcionar a um grupo de consumidores mecanismos que facilitem a incidência de conversas espontâneas em favor de uma empresa ou produto.

Neste momento, devemos ter em mente que o ponto fundamental do boca a boca é a conversa e sua ocorrência natural. Essa ocorrência é natural porque somos programados para isso, seja para seguir os conselhos de outras pessoas ou porque sempre que precisamos de alguma informação específica recorremos à ajuda de nossa rede de contatos. Portanto, acompanhando a ascensão das redes sociais, estamos sempre procurando pessoas que fizeram parte de nossa história, muitas vezes, para resgatar momentos específicos de nossa vida, já que temos essa necessidade de firmar alianças com quem compartilha dos nossos ideais. Também usamos as redes sociais para reduzir riscos na compra de produtos ou serviços; afinal, se alguém já comprou certo produto, acreditamos que essa seja a pessoa mais indicada para dar informações a respeito, mais indicada até do que a própria empresa.

O marketing boca a boca consiste em ações mercadológicas com o objetivo de dar às pessoas um motivo para falar a respeito de produtos, empresas, situações de compra e, por meio de mecanismos disponíveis no mercado ou na empresa, facilitar a ocorrência dessas conversas.

Diante de todas as possibilidades abertas com o boca a boca espontâneo, por que as empresas não podem usar essa característica natural em benefício próprio? Elas podem; basta pensar em alternativas estratégicas para as pessoas compartilharem suas ideias em relação a uma marca ou um produto.

O boca a boca é o tipo de comunicação no qual os consumidores trocam informações entre si, o C2C (*consumer to consumer*), usando meios digitais ou não. É importante destacar os meios digitais porque é comum acreditar que o boca a boca, ou o marketing viral, ocorre ou começou a ser usado somente com o advento dos meios digitais. Não é assim, e devemos ter em mente que esses meios servem apenas para amplificar mensagens que as pessoas sempre compartilharam em seu grupo de contato.

O boca a boca off-line, ou seja, a transmissão de uma mensagem pessoalmente de um consumidor a outro, ainda é uma opção importante de comunicação mercadológica, portanto, não o negligencie. Continuam existindo muitas pessoas que trocam informações em reuniões familiares, na roda do cafezinho, na fila do elevador. Como já mencionamos, temos a habilidade natural de estabelecer relações. O hábito da conversação é especialmente disseminado entre os brasileiros.

Vejamos agora outras maneiras de nomear essa estratégia: marketing viral ou epidêmico e buzz marketing.

MARKETING VIRAL OU EPIDÊMICO

Marketing viral é uma comunicação de uma pessoa para outra, verbal, escrita ou eletrônica, que se refere às experiências de compra ou uso de bens ou serviços. Inclui ações empregadas por pessoas, para pessoas, com o objetivo de comunicar a experiência que tiveram no momento de transacionar com uma organização, seja ela negativa ou positiva.

> **Marketing viral é uma comunicação de uma pessoa para outra, verbal, escrita ou eletrônica, que se refere às experiências de compra ou uso de bens ou serviços.**

Como exemplo de uma opinião negativa que se intensifica rapidamente e pode corroer a imagem de uma empresa em poucos dias, podemos citar as reclamações de clientes que não são atendidas ou são negligenciadas pelas empresas, como o caso do cliente de uma famosa empresa de eletrodomésticos brasileira que teve de esperar, por vários meses, a resolução de um problema com seu refrigerador. Como a empresa não resolveu o problema, e tentou postergar ao máximo a solução, o cliente, indignado, postou um vídeo na internet criticando a organização. Somente quando o vídeo se tornou viral, ou seja, quando o estrago já estava feito em relação à marca, foi que a empresa resolveu o problema daquele consumidor.

Nesse caso específico, devemos atentar para dois fatores importantes. O primeiro é que, para que a mensagem se torne viral na rede, ela deve causar indignação em quem assiste. É senso comum afirmar que toda mensagem ruim se espalha intensamente por meio da rede, mas somente as notícias que causam indignação são mais propensas a se propagar para um número maior de pessoas. Outro ponto é que as empresas devem agir rapidamente para não deixar que a notícia se propague. Resolva a situação o mais rápido possível porque, se cair na rede, essa informação ficará para sempre gravada como uma tatuagem no ambiente cibernético. É muito mais barato trocar o produto do que ter de dar explicações para uma grande quantidade de consumidores.

Acredite que o seu consumidor está falando a verdade e resolva o problema. A famosa estratégia "estamos analisando o caso" é muito demorada. Hoje, o tempo é um fator crucial para manter os clientes satisfeitos. Agora, a dimensão tempo é diferente de épocas anteriores, quando os clientes estavam dispostos a aguardar semanas até que o seu problema fosse resolvido. Os clientes acreditam que, se podem comprar com apenas um clique do mouse, os problemas também devem ser resolvidos nessa velocidade.

Portanto, podemos entender que o marketing viral ou epidêmico consiste em ações coordenadas pelas organizações com o objetivo de encorajar os indivíduos e a sociedade a repassar a mensagem do marketing. Essas ações criam um crescimento exponencial potencial para exposição e influência da mensagem. Como os vírus reais, essas estratégias valem-se do fenômeno da rápida multiplicação para levar a mensagem a milhares e até milhões de pessoas. Como um vírus, não escolhem o hospedeiro, mas mesmo assim continuam de forma gradativa a contaminar cada vez mais pessoas com as quais têm contato.

Como os vírus reais, essas estratégias valem-se do fenômeno da rápida multiplicação para levar a mensagem a milhares e até milhões de pessoas.

Alguns sucessos do cinema foram resultado de estratégias de marketing viral. Você se lembra do filme *A bruxa de Blair*? O filme arrecadou cerca de 250 milhões de dólares com um orçamento de apenas 500 mil dólares. Tudo começou com supostas informações de que o caso era verídico e que alguém havia achado a câmera do vídeo amador. Isso atiçou a curiosidade do público, que compartilhou o boato com todas as pessoas de sua rede. Nos primórdios da internet, uma mensagem que gerou curiosidade nas pessoas foi compartilhada por meios digitais ou não, gerando um marketing viral que garantiu o sucesso do filme.

BUZZ MARKETING

O buzz marketing é uma estratégia baseada no boca a boca orgânico, no valor da conversa e em nossa habilidade natural para falar com outras pessoas sobre nossas histórias. Baseia-se no pressuposto de que, em todo mercado, existem as pessoas conhecidas como geradoras de tendências (que chamamos de Alfa) e as disseminadoras de tendências (que chamamos de Abelha) para o público consumidor. Buzz marketing é o processo de fazer uma ideia migrar dos geradores de tendência para o grande público por meio de um agente comunicador que propaga uma história de um grupo restrito para o grande mercado de massa.

Como exemplo desse caso, podemos citar a empresa Puma. Em sua proposta de reposicionamento mercadológico, a Puma mudou o seu foco de tênis esportivos para moda, unindo esporte com estilo de vida e moda para gerar um novo conceito: "estilo de vida esportivo". Tendo esses microssegmentos em mira, começou a fabricar produtos para futebol, corrida, críquete, beisebol, motocross, sapatos para dirigir, trajes para piloto, roupas para velejar, entre outros artigos. Com uma estratégia bem focada, não deixou passar oportunidades únicas para que seu novo posicionamento se espalhasse dos Alfas para os Abelhas e destes para a grande massa. Vamos acompanhar a trajetória dessa estratégia de buzz marketing.

Em 1993, os integrantes da banda Beastie Boys deram um show usando o tênis Clyde, da Puma, um produto que já estava quase fora de produção. Como uma boa empresa antenada no mercado, ela usou esse fato para acionar o seu buzz marketing. Aumentou a produção e também iniciou um processo de distribuição de amostras grátis para grandes formadores de opinião: os descolados. Os demais consumidores, vendo essas pessoas usando o tênis da Puma, também queriam ter o seu para se sentirem parte desse grupo.

Em 1998, o estilista Jil Sander procurou a Puma porque queria usar em seus desfiles a chuteira que Pelé calçou na Copa de 1970. Como empresa que entende o potencial do buzz marketing e não deixa passar as oportunidades oferecidas pelo mercado, a Puma aceitou de imediato. Além de usar a chuteira em seus desfiles, o estilista ainda criou uma nova linha de produtos, usados inclusive pela cantora Madonna. O boca a boca já estava em andamento.

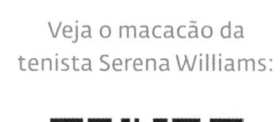

Veja o macacão da tenista Serena Williams:

Em 2002, a Puma criou o macacão "traje de gato", usado pela tenista Serena Williams, que gerou um intenso boca a boca, além de publicidade gratuita. Todas as redes de televisão cobriram a vitória da tenista e todos deram atenção à sua vestimenta tão diferente. Também, nessa época, a Puma desenhou um uniforme de peça única para a seleção de Camarões. A Fifa proibiu seu uso, mas isso gerou muita publicidade – leia-se propaganda gratuita – e comentários positivos para a empresa.

Em 2008, ocorreu o auge de suas estratégias de marketing viral quando o jamaicano Usain Bolt ganhou três medalhas de ouro nas Olimpíadas de Pequim e, na comemoração, beijou suas sapatilhas douradas da marca Puma e as ergueu como se fossem um troféu. Cabe ressaltar que essa atitude do atleta não foi combinada. Sorte da empresa? Não, simplesmente resultado de marketing, de ter foco em seus microssegmentos e de saber visualizar as oportunidades oferecidas pelo mercado. A Puma soube dar motivo para que as pessoas falassem de sua organização.

Existem modos diferentes de tratar o boca a boca, embora todos girem em torno da propagação de uma ideia a um grupo de consumidores específicos que, graças à nossa habilidade natural de conversação, consegue contaminar um grande número de pessoas.

DIFERENÇAS CONCEITUAIS

Diante dos conceitos apresentados, percebemos que existem modos diferentes de tratar o boca a boca, embora todos girem em torno da propagação de uma ideia a um grupo de consumidores específicos que, graças à nossa habilidade natural de conversação, consegue contaminar um grande número de pessoas.

Como exemplo dessa ação, podemos citar o famoso comercial "1984" da Apple para o lançamento do Macintosh, dirigido pelo diretor Ridley Scott e inspirado no livro de mesmo nome de George Orwell. A propaganda apresenta uma "teletela", nome usado no livro para a tela por meio da qual o Grande Irmão "olhava o povo" e as pessoas hipnotizadas pelo discurso dele. Um rebelde lança um grande machado no monitor, e então uma mensagem, que entrou para a história da comunicação, informava o lançamento do produto. O comercial, transmitido uma única vez no intervalo do Super Bowl, gerou um buzz enorme em relação à marca. Muitas pessoas que o assistiram comentaram com outras, e o boca a boca estava feito. Foi considerado um dos melhores comerciais de todos os tempos e um sucesso de buzz marketing. Apesar de ter sido veiculado uma única vez, esse comercial propagou o produto e ajudou a criar a marca da Apple e alimentar todo o misticismo que existe em torno dela.

Voltando às diferenças conceituais, percebe-se no mercado brasileiro que ainda existe confusão entre essas duas ferramentas mercadológicas. Possivelmente, isso se deve ao fato de as próprias

Veja o vídeo da Apple:

organizações usarem estratégias que têm similaridade de ação, mas não necessariamente de resultados.

Para tentar esclarecer essas diferenças, podemos começar afirmando que as estratégias mercadológicas são baseadas numa mesma ideia: a sistematização do boca a boca. São aplicadas para fazer as pessoas falarem e naturalmente contagiarem outras com informações a favor da organização. Como já mencionamos, trata-se de levar as pessoas a falarem espontaneamente de sua organização para um número maior de contatos, digitais ou não. O pressuposto é que, como já possuímos a habilidade natural de conversar com as pessoas, de falar a respeito de produtos e serviços, e naturalmente de contar histórias, por que não usar isso em favor de sua organização?

> **Marketing viral, com a mesma concepção de um vírus que contamina um agente multiplicador que irá contaminar as pessoas que mantêm contato.**

Agora, vamos distinguir as duas abordagens. Pode-se entender que o marketing viral tem a mesma atuação de um vírus que contamina um agente multiplicador que irá contaminar as pessoas com as quais se comunica. Em muitos casos, o vírus não escolhe o hospedeiro e é transmitido de modo indiscriminado para todos aqueles com os quais entra em contato. Em termos organizacionais, com o advento das mídias sociais e da intensa comunicação entre as pessoas, essa abordagem é muito usual, mas um detalhe deve ser salientado. Assim como o vírus, o marketing viral não escolhe hospedeiro; nesse caso, o aspecto mais importante do processo é a mensagem. Se ela for do interesse do hospedeiro, no caso um grande formador de opinião, será multiplicada para um número maior de pessoas. Como a mensagem é o foco principal, sua duração é menor. Em termos práticos, pode-se entender que o marketing viral é intenso em relação à quantidade de pessoas que consegue alcançar em um curto espaço de tempo (o clique do mouse) devido aos meios digitais, mas, ao mesmo tempo, é de curta duração. É o que se percebe com os famosos vídeos virais espalhados pela rede, sobre os quais temos por certo período muitas pessoas conversando, mas basta aparecer uma nova moda que literalmente a grande maioria do público o esquece.

> **O buzz marketing consiste em identificar formadores de opinião de destaque, ou grandes conectores que espalhem a ideia para um grande número de seguidores.**

Já o buzz marketing trabalha com alvos programados para a multiplicação de suas ideias em relação a uma oferta da organização. Consiste em identificar formadores de opinião de destaque, ou grandes conectores que espalhem a ideia para um grande número de seguidores. Também parte do pressuposto da fidelidade do consumidor. Aqueles que ficam satisfeitos com as estratégias da organização espalham a informação e tentam convencer outros consumidores dos benefícios de dado produto, serviço ou ideia. Isso é comum em redes sociais como o Facebook.

Em termos comparativos, podemos dizer que o marketing viral é intenso e de curta duração, enquanto o buzz marketing tem uma difusão mais lenta, mas duração maior em termos de contaminação dos consumidores, pois trabalha com sua evangelização, além de compartilhar a mensagem.

Em vista dessas diferenças conceituais, analisarmos as duas táticas de marketing boca a boca, seus princípios e estratégias, unificando depois os dois formatos em um único modelo viral.

MODELOS VIRAIS

Nesta seção, apresentaremos os modelos ou métodos propostos por autores consagrados para as estratégias de marketing viral, buzz marketing e marketing boca a boca. Tenha em mente que, apesar das similaridades, é importante reconhecer suas distinções.

Escolha o seu segmento de mercado

No momento em que pensamos em alguma estratégia de marketing, pode parecer lógico levar em conta a segmentação de mercado. Porém, se seu objetivo é definir uma estratégia de marketing viral ou buzz marketing e fazer as pessoas conversarem sobre seu produto, a escolha do segmento de mercado torna-se mais importante ainda, porque precisamos identificar as pessoas-chave para que as informações sejam transmitidas de modo adequado a um número maior de consumidores. Trata-se de identificar aquelas que, seja por meio do uso ou de sua opinião favorável a respeito de um produto, serviço ou ideia, consigam transmitir sua mensagem a uma grande massa de consumidores.

Em muitas situações, essa opinião não é controlada pela empresa, mas pelos próprios consumidores que elegem aqueles nos quais confiam para buscar dados sobre as ofertas do mercado.

Essa identificação é importante devido ao fato de que nesse novo, ou não tão novo, contexto no qual as empresas se encontram, cresce a dependência de **formadores de opinião** para o sucesso de um produto.

Diferentemente de outras épocas em que bastava um intenso investimento em comunicação de massa e em relações públicas, além de uma política agressiva de vendas para se alcançar uma grande massa de consumidores, hoje o mercado está mais complexo e requer estudo e planejamento. Devemos entender que agora os consumidores estão mais interconectados pelos meios digitais e procuram informações junto a formadores de opinião para poderem validar suas ideias em relação a ofertas, seja antes da compra ou depois, para poderem ficar tranquilos com a aquisição ou para provar para outras pessoas que fizeram a aquisição correta. Quando estamos à procura de um novo smartphone, lemos sites especializados a fim de comparar os modelos disponíveis, mesmo que já tenhamos tomado uma decisão. Queremos validar nossa escolha junto aos formadores de opinião, pois acreditamos em sua análise. E, em muitas situações, essa opinião não é controlada pela empresa, mas pelos próprios consumidores que elegem aqueles nos quais confiam para buscar dados sobre as ofertas do mercado. São esses especialistas em determinados assuntos, formadores de opinião, que se tornarão os grandes conectores de mercado.

Você já notou que cada vez mais os consumidores consultam blogs quando precisam de uma opinião sobre uma empresa ou um produto? Até as consultas médicas estão demorando mais tempo para serem marcadas porque os pacientes agora fazem uma pré-consulta com o dr. Google antes de falar com o médico. Esse é um exemplo da busca de especialistas, formais ou não, que possam validar nossas ideias em relação ao que o mercado oferece.

Portanto, para fazer que as pessoas viralizem a sua ideia para um número crescente de consumidores, devem-se identificar os grandes formadores de opinião no mercado, convencê-los de que seu produto é o mais adequado para a resolução de um problema pontual e deixar que sua ideia seja compartilhada com a grande massa de consumidores atentos ao que dizem esses especialistas.

Para encontrar os grandes formadores de opinião devemos entender que, normalmente, o mercado pode ser dividido em setores comportamentais, ou seja, os consumidores se envolvem com um produto e com o mercado por meio de comportamentos e, depois, compartilham suas ideias com outros grupos.

Partindo desse princípio, consideramos que o mercado pode ser dividido em quatro macrossegmentos:

1) **inovadores** – são aqueles indivíduos que procuram novos produtos no mercado; representam aproximadamente de 5% a 10% da população; buscam novidades e novas experiências e funcionam como grandes conectores que podem fazer sua ideia alcançar uma grande massa de consumidores;

2) **pragmáticos** – compõem o início do mercado de massa e representam entre 55% e 65% do público;

3) **conservadores** – estes estão prontos a adquirir um produto depois que a marca estiver consolidada; alcançam também os mesmos percentuais do grupo anterior, de 55% a 65%;

4) **retardatários** – aqui estão as pessoas que relutam em comprar qualquer produto novo, seja por condições financeiras ou por receio da novidade; constituem de 30% a 35% da população.

Essas subdivisões são importantes, pois constituem uma ferramenta fundamental em qualquer estratégia mercadológica. No marketing viral ou epidêmico, ajudam a pensar em estratégias diferenciadas para cada grupo de consumidores e localizar aqueles com maior potencial viral. É preciso identificar os inovadores e trabalhar para que possam usar ou emitir uma opinião favorável sobre seu produto ou serviço, e usá-lo em situações nas quais possa ser visto por um grande número de consumidores.

No mercado literário também verificamos essa situação. Temos um pequeno grupo de consumidores atentos aos lançamentos, que compram livros e compartilham esse fato com o mercado de massa. Note que grandes sucessos – como os livros de Dan Brown e do bruxinho Harry Potter – fizeram um tremendo sucesso somente por meio do boca a boca. Foram grandes conectores que leram os livros, compartilharam sua opinião e ela se espalhou por uma grande massa de consumidores.

> **Colmeia é o grupo de consumidores que podem ser escolhidos como alvo por uma empresa.**

Identifique sua colmeia

Quando pensamos em termos de segmentação de mercado e marketing boca a boca, é usual o conceito de **colmeia**, citado no livro de Seth Godin, *Marketing ideiavírus.*[1] Colmeia é o grupo de consumidores que podem ser escolhidos como alvo por uma

---

1. GODIN, S. *Marketing ideiavírus*. Rio de Janeiro: Campus, 2001.

empresa. Deve-se entender que esse grupo contém pessoas, e não uma massa amorfa. As "colmeias" se organizam em torno de vários fatores em comum, como um método de se intercomunicar regras, normas ditas ou não ditas e uma história em comum.

O conceito de colmeia é importante, pois, para que uma ideiavírus tenha sucesso, deve focar-se apenas em uma colmeia, para usá-la de modo estratégico. Isso quer dizer que, devido às particularidades de cada segmento, devemos pensar em estratégias diferenciadas para cada um desses subgrupos, já que é impossível que uma ideia consiga prender a atenção de todos os consumidores do mercado.

O agente contaminador

Partindo da ideia de que temos uma colmeia que deverá ser polinizada com sua ideia básica, precisamos do **agente contaminador**. Segundo Godin, trata-se das pessoas que têm mais chances de falar para seus amigos sobre uma ideia grande e nova. Essas pessoas estão no coração da ideiavírus. Identificar e cortejar agentes contaminadores é um fator-chave para o sucesso.

São essas as pessoas que têm o grande poder de influenciar uma colmeia. Normalmente são formadores de opinião e, com seus comentários sobre um produto ou serviço, conseguem a atenção de uma grande parte do mercado. Porém, devemos atentar para um detalhe: não são todos os agentes contaminadores que gostam de receber algo em troca de sua opinião. Fique atento a esse pormenor.

Para conseguir tal intento, a empresa colocou seus funcionários em campo a fim de identificar e recrutar em Chicago 1.600 garotos Alfa, alunos de escolas primárias que reinam nos pátios e inspiram inveja.

Os agentes contaminadores, também conhecidos como hubs [eixos centrais], são fontes confiáveis da informação que disseminam. São os grandes conectores do mercado. Existem os megahubs, que são as pessoas que escrevem para revistas e jornais e os políticos proeminentes; e hubs de redes individuais, que são pessoas na comunidade que conseguem influenciar uma enorme quantidade de colegas, amigos e familiares.

Um caso que ilustra esse processo foi o lançamento do Ford Focus, em 2001. A empresa recrutou alguns jovens adultos modernos em várias cidades para dirigir o novo carro por seis meses, com o objetivo de levá-lo a áreas com muito trânsito e distribuir brindes com o tema Focus para todos que olhassem duas vezes para o carro. A empresa não pretendia recrutar celebridades, mas sim assistentes de celebridades, produtores de eventos, DJs – enfim, pessoas que pareciam influenciar os que estavam em alta. Desse modo, a empresa identificou a colmeia na qual tinha o objetivo de disseminar sua ideia e estipulou quais seriam os agentes contaminadores capazes de viralizar sua ideia para um número maior de consumidores.

Outro caso que ilustra essa estratégia foi a dos livros do Harry Potter. Antes de seu lançamento, foram distribuídos vários exemplares para críticos literários. Como o livro era bom, eles começaram a escrever críticas favoráveis em seus jornais e, na qualidade de megahubs, garantiram o sucesso. Os títulos que entram na lista de livros apresentados no programa de auditório de Oprah Winfrey tornam-se *best sellers* em poucas semanas. No mercado brasileiro, autores entrevistados em *talk shows* um dia após as entrevistas já têm seus livros entre os mais vendidos nas principais livrarias.

Lembramos aqui o caso do videogame portátil Pox, da Hasbro. Em 2001, os pátios das escolas de Chicago foram assoladas por uma epidemia do brinquedo, infectando 900 das 1.400 escolas. A equipe de marketing da empresa empregou um sistematizado esquema de marketing viral ou epidêmico para lançar o produto. Para conseguir tal intento, a Hasbro colocou seus funcionários em campo a fim de identificar e recrutar em Chicago 1.600 garotos Alfa, alunos de escolas primárias que reinam nos pátios e inspiram inveja. Esses alunos foram treinados no jogo e ganharam dez unidades para distribuir aos colegas mais próximos. Resultado: a empresa conseguiu uma grande notoriedade para os seus produtos antes que chegassem ao mercado.

Portanto, segmente o seu mercado e identifique os grandes conectores que ajudarão a disseminar sua ideia.

O SEU PRODUTO AJUDA AS PESSOAS?

Vamos agora concentrar nossa atenção em entender se o seu produto realmente possui componentes virais, ou seja, analisaremos o núcleo do seu produto e seu relacionamento com os demais componentes do mix de marketing para identificar se ele tem características que o diferenciam no mercado, oferecendo valor para os consumidores. Somente assim ele será compartilhado pelos agentes contaminadores.

É importante destacar que nem todos os produtos possuem componentes que o tornam atrativo o suficiente para ser compartilhado. Se o seu produto não exibir os aspectos que iremos detalhar a seguir, sugerimos que o analise mais detalhadamente, reveja o seu plano de marketing e repense seus processos porque, como já vimos, o marketing boca a boca é uma ferramenta importante em qualquer mercado, mas se o produto não atender às expectativas de seu público-alvo a propaganda será negativa.

Por que compartilhamos informações sobre produtos ou serviços com as nossas redes de contato? Por que sugerimos aos nossos amigos aquele restaurante onde comemos todo final de semana? Ou aquele aplicativo que nos ajuda a fugir do caos dos engarrafamentos nos grandes centros? Compartilhamos essas informações porque facilitam nosso dia a dia. São produtos que realmente melhoram nossa vida em relação a determinadas tarefas e têm um **valor** diferenciado para cada usuário. Você já notou como os aplicativos são compartilhados pelo boca a boca? Você já viu na mídia de massa alguma campanha promocional de algum aplicativo? Poucas, não é mesmo?

> **Compartilhamos essas informações porque facilitam nosso dia a dia. São produtos que realmente melhoram nossa vida em relação a determinadas tarefas.**

Nesse caso, podemos entender como valor diferenciado todas as características que nos ajudam a resolver problemas em nosso cotidiano e, por causa disso, procuramos também ajudar as pessoas que nos são próximas prestando esse simples serviço, ou até mesmo para nos tornarmos especialistas em certo assunto.

Entregar um produto com valor diferenciado para os consumidores requer o estudo sistematizado da colmeia da qual fazem parte, a fim de entender o que pode ser útil para esse grupo de consumidores. Você já deve ter reparado que os vídeos do YouTube que nos ajudam a baixar certos programas na internet são mais fáceis de serem viralizados.

Esse também é o caso daquelas promoções relâmpago de algumas lojas de departamentos que são compartilhadas com uma centena de pessoas em questão de minutos. Você se lembra de como as ofertas de sites de desconto, a exemplo do Grupon, eram compartilhadas com uma intensidade incomum? Nós as compartilhamos porque acreditamos que essas informações ajudam os outros. E faz parte da natureza humana querer ajudar os outros. Assim, a informação tem maior probabilidade de atingir um número maior de pessoas em um mercado específico. Esses dados são viralizados devido ao fato de possuírem informações práticas para um grupo delimitado de consumidores.

Quanto mais útil for a informação, maior a probabilidade de que a mensagem seja compartilhada.

Portanto, o seu produto ajuda as pessoas? Torna mais fácil a vida de seus consumidores? Faça uma análise e verifique quais benefícios do seu produto podem ser facilmente compartilhados na rede. Faça um vídeo demonstrando como é simples utilizá-lo e qual seu verdadeiro valor agregado. Lembre-se do sucesso dos vídeos que nos ajudam a dar um nó de gravata, descascar milho ou tirar chiclete do cabelo. Por que fazem tanto sucesso? Porque têm utilidade para um grupo de consumidores.

QUANTA EMOÇÃO ESTÁ CONTIDA EM SEU PRODUTO?

Para que o seu produto possa ser compartilhado, ele deve, na medida do possível, transmitir **emoção**. Temos a tendência natural de compartilhar ideias que nos emocionam. Mesmo antes das mídias sociais, quando o boca a boca era off-line, compartilhávamos com os nossos pares situações que nos emocionavam. Com o advento das mídias sociais, essa transmissão tornou-se mais intensa.

Como temos a tendência natural de contar histórias e já que um dos componentes mais eficazes para que uma história seja compartilhada é a emoção, será que o seu produto ou a sua comunicação consegue passar uma mensagem emocional contagiante? Será que você consegue contar uma história que prenda a atenção de seu público a ponto de ele passar essa mensagem adiante? Lembra-se da Susan Boyle? Naquele emocionante vídeo do programa *Britain's Got Talent*, quando Susan entra no palco é alvo de sarcasmo dos jurados e da plateia, mas assim que começa a cantar arranca lágrimas de todo mundo. O que havia nesse vídeo que viralizou com tanta intensidade? Emoção. Na época, foi um dos virais mais famosos.

Há também a propaganda da Dove, "Retratos da Real Beleza", que até o momento da redação deste livro já soma mais de 1 milhão de visualizações. O que transmite esse vídeo? Emoção. Uma emoção contagiante e, como queremos que outras pessoas tenham o mesmo sentimento, então nós o compartilhamos.

Retratos da real beleza:

PARA QUE O SEU PRODUTO POSSA SER COMPARTILHADO, ELE DEVE, NA MEDIDA DO POSSÍVEL, TRANSMITIR **EMOÇÃO**. TEMOS A TENDÊNCIA NATURAL DE COMPARTILHAR IDEIAS QUE NOS EMOCIONAM.

Podemos citar aqui as campanhas do uísque Johnnie Walker, cujo grande potencial de viralização provém do fato de que transmitem emoção – desde a propaganda que homenageou o Brasil, "O gigante não está mais adormecido", até o robô que, ao se comparar com um ser humano, percebe que, por mais que tente, não conseguirá deixar um legado.

Portanto, verifique se a sua mensagem é emocional o suficiente para as pessoas passarem-na adiante. Emocione o seu público, conte uma história que consiga contagiar os consumidores. Mas lembre-se, mantenha as emoções positivas.

O gigante não está mais adormecido:

O PODER DA SIMPLICIDADE

O produto deve ser **simples**. Para que uma ideia possa contaminar o maior número possível de pessoas ela deve ser simples, pois isso facilita a comunicação. Como o boca a boca é preguiçoso, você precisa ajudá-lo a avançar, pensando em maneiras de facilitar sua disseminação. Quanto mais complexa a mensagem, maior a probabilidade de chegar de forma distorcida ao seu público-alvo.

Um exemplo é a história do Palm *vs.* Newton. O primeiro produto lançado no mercado na categoria de PDAs (personal digital assistants) foi o Newton, criado pela Apple em 1993. Esse PDA foi projetado para ter um encaixe para cartão de microcomputador, planilhas, comunicação sem fio, basicamente todos os recursos de um microcomputador normal. O Palm, por outro lado, decidiu se concentrar nas três funções mais simples de um organizador – calendário, agenda de endereços e lista de tarefas – e acrescentou uma conexão simples ao micro.

Veja como era o Newton da Apple:

No final das contas, o produto mais simples venceu a batalha. O Palm era mais barato e mais fácil de usar, o que ajudou na viralização da ideia. O Newton da Apple, apesar de muito mais avançado tecnologicamente, era difícil de ser propagado e, por buscar um novo mercado ainda em construção, não atingiu os objetivos almejados. As pessoas não conseguiam explicar ou passar as informações do produto para um número maior de consumidores.

Pode-se afirmar que, para uma ideia conseguir alcançar uma grande quantidade de consumidores, ela deve ser simples e facilitar a vida das pessoas. Quanto mais complexa a mensagem, mais difícil é difundi-la a um número maior de consumidores. O interessante desse caso é que a Apple aprendeu, e muito bem, a lição. Quando do lançamento de seu iPod, reinou a simplicidade. Com apenas um botão central, todas as funções poderiam ser acessadas, e isso serviu de padrão para outros produtos de sucesso da empresa, como o iPhone e o iPad.

Quanto mais complexa a mensagem, mais difícil é difundi-la a um número maior de consumidores.

NAPSTERIZE O CONHECIMENTO

No livro *BuzzMarketing: criando clientes evangelistas*,[2] os autores apresentam o conceito de **napsterizar** o conhecimento, que consiste em partilhar a sua propriedade intelectual e os processos comerciais com clientes e parceiros. Essa ação aumenta o valor percebido de produtos e serviços. Como exemplo de empresas que napsterizam seu conhecimento, citam o Instituto de Tecnologia de Massachusetts (MIT). Na época dessa obra, a universidade publicava na internet todo o seu currículo, notas de palestras, trabalhos, amostras de problemas e uma lista de leitura para 500 cursos. Tudo isso gratuito para todos. Também citam casos de empresas de software, como o Linux e seu software aberto, que permitem que todo o seu conhecimento possa ser compartilhado. Com isso, os clientes podem usar o produto, ou pequenas amostras dele, antes de sua utilização em ampla escala.

Quando você compartilha o seu conhecimento, torna-se referência no mercado, porque toda vez que um consumidor tiver alguma dúvida sobre um aspecto do mercado ele irá procurá-lo. Isso gera um boca a boca espontâneo para sua marca.

DISTRIBUA PEQUENOS PEDAÇOS

Também em *BuzzMarketing: criando clientes evangelistas*, Hubba e Macconell mencionam outra maneira de viralizar o seu produto: distribuir

---

2. HUBBA, J. & MACCONELL, B. *BuzzMarketing*: criando clientes evangelistas. São Paulo: Makron Books, 2005.

pequenos pedaços, ou seja, a organização divide sua carteira de produtos e serviços em pequenos pedaços, facilmente consumíveis e distribuídos ao seu público-alvo. Esse processo ajuda a criar um boca a boca positivo em torno do produto, pois reduz o risco para os tomadores de decisão, que podem "sentir" o produto antes de se decidir por sua compra, elimina os inibidores de compra, como risco e tempo, e encurta o ciclo de venda porque os consumidores já experimentaram antecipadamente o produto, entre outras vantagens.

Isso ocorre com as famosas amostras grátis que algumas empresas usam para clientes em potencial. A Netflix adotou esse sistema com êxito. Você pode usar esse serviço de assinatura durante um mês e, se ficar satisfeito, pode se tornar assinante. Essa é uma ótima estratégia que gera um boca a boca positivo em relação ao produto. E também, em linha com os demais componentes listados, compartilhamos essa oferta da empresa para ajudar outras pessoas, além de oferecer facilidade na utilização.

GARANTA A SATISFAÇÃO DOS CONSUMIDORES

Outra maneira de tornar o seu produto viral é garantindo a **satisfação dos consumidores**. Para que as pessoas possam falar de seus produtos, elas devem ficar satisfeitas com a aquisição. O produto deve proporcionar uma experiência diferenciada e, assim, facilitar a conversa. Talvez o grande exemplo desse princípio possa ser uma visita aos parques da Disney. A experiência é única. As pessoas comentam, postam nas redes sociais, indicam a outras a experiência inesquecível que tiveram no mundo da fantasia. Grande parte do sucesso da empresa deve-se a esse fator e à sua capacidade viral. Portanto, para que a ideia possa contaminar um número maior de consumidores, ela deve proporcionar uma experiência inesquecível no momento da compra. Se o seu produto não oferece satisfação espontânea ao consumidor, ele também falará da empresa, mas em termos negativos.

> **Para que as pessoas possam falar de seus produtos, elas devem ficar satisfeitas com a aquisição. O produto deve proporcionar uma experiência diferenciada e, assim, facilitar a conversa.**

A Apple também é atenta a essa possibilidade. Em todos os pontos de contato que mantém com seus consumidores, procura transmitir uma experiência diferenciada, desde o site, que tem uma visualização muito limpa, até as lojas, com um ambiente acolhedor no qual todos os vendedores estão dispostos a ajudar, e não apenas a vender produtos. Com isso, os produtos Apple compactuam com a ideia de proporcionar a melhor experiência possível ao usuário.

PLUS DELTA DOS CONSUMIDORES

Para que uma empresa possa estabelecer um verdadeiro relacionamento com seus consumidores e assim criar verdadeiros clientes evangelistas, deve estar atenta ao **plus delta** dos clientes. No livro *BuzzMarketing: criando clientes evangelistas*,[3] os autores enfatizam que as empresas devem ouvir os clientes, porque assim criam-se clientes torcedores da marca, os evangelistas, que tentam convencer outros consumidores do potencial do produto ou serviço. É o boca a boca dos consumidores torcedores.

O "plus" indica o reconhecimento do que funciona bem. O "delta" é o que precisa ser melhorado. Para um funcionamento eficaz dessa tática, os autores enumeram dez regras:

1. Acredite que os clientes possuem boas ideias.
2. Colete feedback dos clientes em todas as oportunidades.
3. Concentre-se na melhoria contínua.
4. Solicite ativamente feedback bom e ruim.
5. Não gaste enormes quantias em dinheiro para isso.
6. Busque feedback em tempo real.
7. Garanta que a obtenção do feedback seja fácil.
8. Incremente a tecnologia para facilitar esse processo.
9. Divulgue o feedback dos clientes por toda a organização.
10. Use esses comentários para fazer mudanças – e comunique essas mudanças aos clientes.

Como exemplo desse caso, o livro cita Mark Cuban, dono do Dallas Maverick, que comparece a quase todos os jogos do time – em casa e fora – e senta-se com os torcedores nas arquibancadas, não nos camarotes. Sua missão é descobrir o que está funcionando e o que pode ser melhorado. Trata-se de se aproveitar da habilidade que as pessoas têm para falar e estar disposto a ouvir os consumidores. É importante

---

3. HUBBA & MACCONELL, 2005.

agradecer pelo fato de os consumidores procurarem a organização para reclamar ou dar sugestões. Os que a procuram gostam dela, pois estão lhe dando uma chance de melhoria à empresa, são os que gostam dela.

EDUQUE SEUS CLIENTES

Uma das vantagens do marketing viral ou epidêmico é que, se adequadamente aplicado e seguindo um método formalizado, consegue uma rápida notoriedade para a empresa, marca ou serviço, e o faz com menos investimentos, pois são os próprios clientes que divulgam a mensagem da organização. No entanto, para atingir com sucesso esse objetivo, devemos atentar para a mensagem que será transmitida ao público-alvo.

Quando a mensagem é formulada estrategicamente, tem como benefício **educar os clientes-alvo** para novos produtos. Quando você consegue educá-los, eles entenderão os benefícios do produto e suas vantagens, ou o valor envolvido – como mencionamos anteriormente –, e, cientes dessas potencialidades, são os próprios clientes que irão compartilhar a mensagem da empresa para um número maior de consumidores.

> **Trata-se de aproveitar da habilidade que as pessoas têm para falar e estar disposto a ouvir os consumidores. É importante agradecer pelo fato de os consumidores procurarem a organização para reclamar ou dar sugestões. Os que a procuram gostam dela, pois estão lhe dando uma chance de melhoria.**

Um exemplo da tática de educar os consumidores foi o caso dos bloquinhos post-it. Após a sua criação em 1978, a 3M precisava educar os consumidores, pois as pessoas não sabiam o que fazer com o produto. A maneira de conseguir isso foi com uma demonstração. Para tanto, os profissionais de marketing da 3M foram até Boise, em Idaho, para o que ficou conhecido como a "Blitz de Boise", e inundaram o mercado de artigos de escritório com amostras grátis. Depois ouviram que 90% dos consumidores que o usaram disseram que o comprariam. Em 1980, decidiram que o produto deveria ser lançado em âmbito nacional.

A secretária do presidente da 3M enviou um post-it para suas correspondentes nas 500 maiores empresas dos Estados Unidos, mencionando os benefícios do produto e sua utilização. Essas secretárias começaram a usá-lo, assim como seus respectivos chefes. Como grandes conectoras, as secretárias dos presidentes mantêm contato com vários departamentos da empresa, de modo que ajudaram a impulsionar o produto além de possibilitar sua demonstração: enfim, educaram os clientes.

Essa foi a abordagem responsável pelo sucesso do produto, considerado um dos mais importantes em termos de materiais de escritório do mundo. Em nossa sociedade ocidental, imaginamos que todos o conheçam. É interessante destacar, nesse caso, que o viral contaminou um grupo de consumidores sem o uso das plataformas digitais que, na época, ainda eram incipientes ou mesmo inexistentes para boa parte dos consumidores.

Além de educar os consumidores, a empresa conseguiu identificar fortes conectores de mercado, que fizeram o trabalho de propagar o produto.

Além de educar os consumidores, a empresa conseguiu identificar fortes conectores de mercado, que fizeram o trabalho de propagar o produto. Eram formadores de opinião que, de modo espontâneo, viralizaram a ideia para uma grande massa de consumidores. Também podemos perceber que foram cumpridas as regras básicas do marketing boca a boca: o produto ser interessante (um bloquinho de papéis que grudam e desgrudam facilmente em quase qualquer superfície), facilitar as coisas (útil para pequenos recados que compartilhamos), deixar as pessoas satisfeitas (o produto tem qualidade e cumpre o que promete) e conquistar confiança e respeito (a força da marca). Sendo interessante, fácil de usar, deixando as pessoas satisfeitas e contando com a infraestrutura de uma grande corporação que sempre respeitou os consumidores, o próprio produto, além desses atributos, possuía um componente viral porque era fácil de ser identificado e visualizado por um grande número de consumidores por estar grudado nos documentos distribuídos dentro da companhia. Gerou intensa curiosidade: que produto é esse? Sem dúvida nenhuma, uma excelente estratégia de marketing.

Caso similar aconteceu quando os iPhones começaram a ser usados no Brasil. Os primeiros usuários os compravam nos Estados Unidos e tinham de desbloqueá-los para usá-los em território nacional. Faziam questão de deixá-los à mostra para que todos pudessem ver seu produto inovador e, quando alguém se aproximava, faziam questão de demonstrar seu funcionamento. Além de propagar o produto, ainda educavam outros consumidores para seu uso. Note-se também que o produto já tinha componentes virais, como simplicidade, facilidade de uso, ser interessante e garantir satisfação aos usuários, sem contar os "evangelizadores".

FLUIDEZ

No livro *Marketing de ideiavírus*,[4] o autor, Seth Godin, menciona que uma das características importantes de uma mensagem é a **fluidez**. A fluidez é o que acontece quando alguém é exposto a um produto e acaba instantaneamente obcecado; assim, a mensagem será compartilhada com um grupo maior de consumidores de modo fluido e contínuo. A esse respeito, Godin cita a Apple, pois todos os modelos do Macintosh contam com uma sensibilidade e uma sensualidade de design que transformam muitos usuários em adeptos instantâneos.

É o ápice da satisfação e de uma experiência única na qual as pessoas irão, de modo natural, viralizar sua satisfação para um grande número de consumidores. É o que acontece quando sentimos um "amor à primeira vista" por um produto.

> **Fluidez é o que acontece quando alguém é exposto a um produto e acaba instantaneamente obcecado; assim, a mensagem será compartilhada com um grupo maior de consumidores de modo fluido e contínuo.**

Godin também destaca o caso do Palm. Ele conta que todo dia alguém entrava em seu escritório declarando sua devoção ao produto. As pessoas que o amaram continuam usando e, naturalmente, propagando a ideia. É a famosa constância observada quando um produto é realmente superior ao dos concorrentes. Notamos isso no mercado brasileiro com o uso do iPhone. Sempre encontramos alguém usando o produto, comentando suas vantagens e sugerindo que outras pessoas também o usem.

CRIE UMA CAUSA

Você gostaria que os seus consumidores se tornassem torcedores da marca e que comentassem a respeito do seu produto, ficando ao seu lado em certas situações?

Então, **crie uma causa**. Essa situação na qual podemos criar clientes evangelistas que defendem a marca ocorre quando uma empresa ajuda as pessoas a melhorarem. As causas podem gerar mudanças profundas e afetar um grande número de pessoas, quando se cria uma causa beneficente ou que mobiliza grupos específicos.

---

4. GODIN, 2003.

Como exemplo, os autores de *BuzzMarketing: criando clientes evangelistas*[5] citam o caso da American Express e sua campanha de três meses em apoio à reforma da Estátua da Liberdade. A empresa doava um centavo toda vez que um cliente usava o cartão e um dólar a cada nova conta aberta. O programa angariou 1,7 milhão de dólares para a restauração, e o uso do cartão subiu 28% durante o primeiro mês da campanha; os pedidos de novos cartões aumentaram 45%.

Com essas estratégias, a empresa consegue desenvolver clientes evangelistas que, de maneira espontânea, tenderão a angariar novos consumidores para a organização. O pressuposto é que clientes satisfeitos e fiéis a determinada marca têm uma capacidade maior de propagar informações de uma empresa a um número maior de novos consumidores e assim tornar o boca a boca mais efetivo.

MODOS DE COMPARTILHAR AS MENSAGENS

Outra maneira de analisar se a empresa ou o produto possui componentes virais é entender como a mensagem poderá ser compartilhada pelos contaminadores. Depois de identificar a colmeia e os contaminadores, deve-se pensar na **velocidade**. Trata-se da rapidez com que uma empresa identifica uma necessidade de mercado, soluciona o seu problema e proporciona maneiras de suas ideias serem compartilhadas pelo público-alvo. Se a velocidade de um vírus não for alta o suficiente, um competidor pode atingir uma nova colmeia antes que a primeira empresa chegue lá, assumindo uma posição dominadora, como se fosse "original" para esse mercado.

> **Trata-se da rapidez com que uma empresa identifica uma necessidade de mercado, soluciona o seu problema e proporciona maneiras de suas ideias serem compartilhadas pelo público-alvo.**

Também temos o **vetor**. Em *Marketing de ideiavírus*,[6] Godin menciona a maneira como uma ideia será replicada pelas colmeias. Para que isso ocorra, deve-se atentar aos seguintes fatores: com quem a ideia começa, com quem ressoa e se é fácil de ser compartilhada. Isso quer dizer que, para uma ideiavírus contaminar um maior número de pessoas, deve-se atentar para o local onde ela começa, ou seja, o seu emissor.

---

5. HUBBA & MACCONELL, 2005.
6. GODIN, 2003.

Além disso, deve-se verificar se vale a pena repartir a ideia com outras pessoas, e se ela é de fácil replicação para o grupo de consumidores.

Outro fator mencionado é o **meio**, ou seja, de que modo um vírus irá circular pela colmeia. Como exemplo, nesse caso, o autor cita o PayPal.com como uma ideia extremamente viral que se espalhou porque o meio era muito poderoso. Trata-se de um serviço on-line que permite que os clientes transfiram dinheiro com segurança em transações digitais. Nesse caso, o meio é o dinheiro, pois as pessoas se importam com dinheiro, e o serviço resolve um problema que consome tempo.

Também temos o famoso caso do Hotmail. Quando de seu lançamento, as pessoas que recebiam uma mensagem eram convidadas a abrir uma conta gratuita no provedor. No final da mensagem, lia-se a frase: "Obtenha a sua conta gratuita no Hotmail". Como as pessoas trocavam, e ainda trocam, e-mails em grande quantidade, a mensagem foi propagada com muita intensidade.

Por fim temos o **amplificador**. Por mais que uma ideia seja boa, se não for amplificada irá padecer. O objetivo é desenvolver um sistema que permita que o boca a boca positivo seja amplificado, e o negativo, erradicado. São táticas que as empresas podem usar para intensificar os feedbacks positivos dos clientes, pois, como os consumidores estão cada vez mais conectados, buscam outras opiniões antes de comprar um produto ou serviço. Isso pode ser notado por meio da quantidade de pessoas que consultam o site reclameaqui.com.br antes de iniciar um processo comercial que envolva valores altos.

Como acompanhamos neste capítulo, em virtude das modificações ocorridas no relacionamento entre empresas e consumidores, cresce a dependência das primeiras em relação a formadores de opinião para que a sua mensagem consiga atingir um grande número de consumidores. Os meios tradicionais de comunicação podem não estar mais cumprindo de modo adequado essa função, o que então torna fundamental pensar em novas maneiras de relacionamento com o mercado.

Com esse problema em vista, descrevemos uma das táticas à disposição das empresas para reduzir a distância entre elas e os consumidores: a sistematização do boca a boca. Apresentamos os métodos de alguns autores. Notamos diferenças e similaridades entre as

ALGUNS CASOS INTERESSANTES DE MARKETING VIRAL:

O poder da emoção – Susan Boyle, quem não
se emocionou com esse caso?

O caso Blendtec – como uma ideia conseguiu surpreender
os consumidores e fazê-los compartilhar informações
sobre a empresa:

Contar histórias e emocionar os consumidores:

Comerciais que viralizaram:

estratégias, mas um ponto se revelou comum a todas: o boca a boca pode ser sistematizado.

Para que uma estratégia de marketing obtenha sucesso, devemos identificar os grandes conectores de mercado para que auxiliem as organizações a estabelecer padrões de consumo e, consequentemente, registrem vendas substanciais.

No ambiente darwiniano em que as empresas se encontram, no qual somente os mais fortes e adaptáveis conseguem sobreviver, o marketing viral, o epidêmico e o buzz marketing – ou simplesmente o marketing boca a boca – pode ser uma saída para as empresas conseguirem, com baixos investimentos, fazer com que suas ideias contaminem um número maior de consumidores.

"Perdi meu amor na balada"

....

Época Negócios

A revelação de que o vídeo "Perdi meu amor na balada" era, na verdade, uma campanha viral lançada pela Nokia acabou com o mistério em torno da história de Daniel Alcântara, um jovem que procurava desesperadamente pela garota que havia conhecido em uma casa noturna. Mas, apesar de a história de amor mais falada na internet na última semana ter tido um final feliz, muitos corações ficaram partidos.

Enquanto parte dos internautas elogiou e considerou a campanha divertida, outra manifestou indignação. Nas redes sociais, houve quem dissesse estar se sentindo enganado. Na página oficial da campanha no Facebook, as opiniões estão divididas. E no YouTube, onde é possível avaliar o vídeo, a revelação de que se tratava de uma estratégia de marketing gerou resposta negativa do público. Enquanto no primeiro vídeo, antes de a campanha ser revelada, 3.672 mil pessoas disseram ter gostado e 1.012 disseram o contrário, no segundo, divulgado ontem, esse cenário se inverteu. Até as 16h30 desta quarta-feira (18/7/2012), 2.116 pessoas disseram não gostar do filme, enquanto apenas 651 gostaram.

O resultado, porém, não é visto como negativo pela Nokia. "Neste momento, nós comemoramos o sucesso absoluto da campanha porque, sete dias depois de ser publicado, o primeiro vídeo registrou quase 800 mil visitas no YouTube, e são poucas campanhas que conseguem mobilizar tanta gente. Nós já esperávamos que houvesse uma polarização porque algumas pessoas queriam um final feliz e outras, não", diz a diretora de marketing da empresa, Flávia Molina. "Isso acontece também na vida real. Nem todas as histórias de amor têm final feliz", diz.

Fazer uma campanha viral, no entanto, "é assumir um risco", afirma o coordenador do MBA de Gestão de Marcas da Trevisan Escola de Negócios, Marcos Hiller. Justamente pelo fato de o resultado ser imprevisível, as marcas precisam estar preparadas para que a campanha não se torne "um tiro no pé" e acabe gerando um retorno negativo ou aquém do esperado.

"As empresas precisam se preocupar mais com a construção da marca. Esse tipo de ação gera 'likes' no Facebook, mas gera pouco retorno em vendas. A pergunta não deve ser quantos acessos teve o vídeo, mas quanto de market share todo esse barulho de fato vai gerar", diz.

Para ele, o marketing viral só é válido se estiver associado a uma estratégia maior de posicionamento do negócio e fizer parte da cultura da empresa. "O foco deve estar voltado para a construção da marca de forma consistente, no longo prazo, e não em uma campanha. Na era da informação, a ordem é fazer barulho. Mas são poucas as coisas que de fato não são esquecidas pelas pessoas no dia seguinte", argumenta.

"MARKETING VIRAL É ESTRATÉGIA ARRISCADA"

O vídeo criado pela Nokia é apenas um capítulo de uma história que tem se prolongado desde a criação das chamadas "campanhas virais" na internet. Algumas empresas tentaram embarcar no sucesso instantâneo que uma ação pode fazer nas redes sociais, arriscaram demais e acabaram com reações e opiniões negativas por parte do público. A *Época Negócios* separou três histórias para você relembrar.

1 - Com o Corinthians na decisão da Copa Santander Libertadores, que venceria na semana em questão, a Nike decidiu provocar torcedores rivais na internet. Escreveu uma carta endereçada a todos os "anticorintianos", aqueles fãs de outras equipes que não queriam ver o adversário campeão da competição continental. "Não adianta disfarçar. Sabemos que você assiste aos nossos jogos. Escutamos os seus gritos e seus rojões quando perdemos. Você acha que torce para um time, mas não. Você é parte de uma torcida sem nome, sem bandeira, sem grito. Uma torcida sem time que não entende este bando de loucos", dizia um trecho do comunicado divulgado na página da marca no Facebook.

   A ação agradou os torcedores do Corinthians, do qual é fornecedora de materiais esportivos há vários anos, mas deixou uma sensação ruim, principalmente, porque fez uma ação parecida na Argentina. Como também é parceira do Boca Juniors, rival corintiano na final da Libertadores, a Nike fez ação similar no país vizinho para instigar a torcida. Ou seja, torceu para os dois lados. E, vale lembrar, no Brasil a empresa também é parceira do Santos, do Coritiba, do Internacional e do Bahia. Muitos torcedores dessas e de outras equipes, no próprio Facebook, disseram na ocasião que não comprariam mais produtos da marca.

2 - A Halls, marca de balas, extrapolou ao tentar se aproximar de um público mais jovem no Facebook. Em abril de 2012, a empresa inseriu em sua página um anúncio com os dizeres: "Pegaria muito a mulher do meu amigo...".

A ideia repercutiu, ou viralizou, no termo mais adequado à era digital, mas pegou mal. Foram cerca de 500 comentários feitos por consumidores na mesma página da imagem. "O anúncio é muito semelhante à equipe de marketing da Halls. Um completo lixo. Parabéns, vocês são sem graça e têm criadores de dez anos", escreveu um dos seguidores. As reações do público seguiram a mesma linha, mas é claro que vários foram muito menos educados.

3 - A ação é mais antiga, data de maio de 2008, mas também ensina sobre os limites que uma campanha viral deve ter. Na tentativa de fazer um comercial com estilo de "pegadinha", um modelo que fez sucesso na televisão brasileira, a Cia. Athletica, rede de academias, pediu à agência de publicidade DM9DDB que fizesse uma brincadeira envolvendo a Lei Cidade Limpa, instituída em São Paulo pelo prefeito Gilberto Kassab. A legislação limitou o tamanho que a publicidade externa poderia ter na capital paulista. Com essa informação, a empresa vestiu atores de funcionários da prefeitura e fez que eles parassem nas ruas pessoas que estivessem acima do peso. Os supostos fiscais mediam o tamanho de estampas nas camisas dessas pessoas e diziam que iriam multá-los por "publicidade externa". No fim, a rede de academias avisava para ficar em forma. Irritadíssimos com o tratamento dado aos gordinhos, blogueiros reclamaram tanto na internet que a ação foi tirada do ar dias depois de ter iniciado. A DM9DDB teve de se desculpar publicamente por ter sido mal interpretada. "Jamais foi nossa intenção causar qualquer tipo de constrangimento", escreveu em comunicado na época. Na internet, porém, intenção e repercussão nem sempre combinam.

Fonte: <http://epocanegocios.globo.com/Inspiracao/Empresa/noticia/2012/07/marketing-viral-e-estrategia-arriscada.html>.

VAMOS TESTAR SEUS CONHECIMENTOS?

1 Como acompanhamos neste capítulo, o marketing boca a boca é uma estratégia usada para fazer os próprios consumidores propagarem as mensagens da empresa. Nesse sentido, esclarecemos as nomenclaturas e as vantagens. Ciente dessa importante ferramenta, você conseguiria elencar as diferenças conceituais entre as estratégias que apresentamos?

2 Dadas as vantagens empresariais do marketing boca a boca, como você conseguiria convencer os diretores de sua empresa a adotar essa estratégia? Procure realizar uma análise do mercado em que a empresa está inserida, seus competidores e consumidores, e o retorno que essa estratégia poderia trazer.

3 No artigo "Marketing viral é estratégia arriscada", notamos alguns exemplos de insucesso nos quais as empresas, com o objetivo de viralizar suas ideias, acabaram cometendo erros estratégicos. Escolha um dos exemplos citados e identifique, com base nos conceitos que apresentamos no capítulo, se foram casos de marketing viral ou de buzz marketing.

4 Ainda com base no exemplo escolhido, faça uma lista dos pontos fortes e dos pontos fracos das estratégias apresentadas.

5 Escolha um dos exemplos e proponha uma estratégia de marketing boca a boca, inspirando-se nas que apresentamos no capítulo. Estabeleça prazos para cada ação, assim como para os departamentos envolvidos.

5

Marketing lateral

APRESENTAÇÃO

Em mercados cada vez mais saturados, torna-se imperativo pensar em táticas de inovação. Com base nesse pressuposto, apresentamos neste capítulo as estratégias do marketing lateral como um complemento ao marketing tradicional, no sentido de propor novas ideias com a junção de produtos, mercados ou necessidades. A ideia básica é que, após uma estratégia convencional de verticalização do mercado, a empresa possa atuar lateralmente em busca de novas oportunidades de atuação.

NOVAS MANEIRAS DE PENSAR O MARKETING

No mercado cada vez mais predatório em que as empresas se encontram atualmente, podemos identificar, nos relacionamentos entre os agentes, mudanças significativas que podem representar grandes ameaças à sobrevivência das organizações. Repare como há grande concentração entre os distribuidores do ramo varejista no mercado brasileiro, por exemplo. A cada ano, é menor o número de redes de supermercado, concentradas nas mãos de poucas empresas; atualmente, três grandes redes dominam o mercado. Existem menos concorrentes, mas ao mesmo tempo muito mais marcas e produtos, devido a fusões e aquisições cada vez mais recorrentes. Há redução do ciclo de vida dos produtos porque as empresas necessitam ser mais velozes no lançamento de novos modelos para atender à demanda crescente de consumidores em busca de novidades – consumidores estes mais exigentes e cientes de sua importância no processo comercial. Essas e outras mudanças afetam as empresas e o seu marketing, tornando-se imperativo repensar os processos tradicionais de comercialização e inovação.

Tendo em vista essas mudanças e outras que ocorrem com uma velocidade nunca vista antes, Philip Kotler e Fernando Trias De Bes[1]

---

1. KOTLER, P. & TRIAS DE BES, F. *Marketing lateral*. Rio de Janeiro: Elsevier, 2004.

propuseram, no início de 2000, uma nova metodologia de inovação com o objetivo de complementar as estratégias tradicionais do marketing: o marketing lateral.

Para esses autores, marketing lateral é o conjunto de táticas que, quando aplicadas a produtos e serviços já existentes, consegue produzir inovações envolvendo necessidades, usos, situações ou públicos-alvo não atingidos até então. Isso quer dizer que, como complemento do marketing tradicional, o marketing lateral visa repensar ou revisitar as táticas com o objetivo de criar novos mercados ou segmentos. Com foco em seu negócio, a empresa estuda se há a possibilidade de identificar novas oportunidades em mercados saturados de produtos e marcas.

Há redução do ciclo de vida dos produtos porque as empresas necessitam ser mais velozes no lançamento de novos modelos para atender à demanda crescente de consumidores em busca de novidades.

O pensamento do marketing lateral não consiste em atuar no mercado atual, aquele em que a empresa já está presente com suas estratégias mercadológicas, muito menos em aumentar a participação em mercados dos quais já participa. Em vez disso, tenta identificar novas necessidades que poderão se tornar novas categorias de produto e, consequentemente, novas oportunidades de mercado. É um processo criativo que, se pensado adequadamente em termos organizacionais e mercadológicos com foco em um produto existente, resulta em inovações para a empresa.

A ideia básica é que o marketing tradicional necessita de complementos para atender ao mercado com novos produtos ou categorias de serviços que garantam o sucesso da empresa, uma vez que trabalha com um processo de afunilamento do mercado em determinado segmento. Observe como as empresas, ao criar novos produtos, acabam afunilando mais ainda o mercado e, desse modo, terminam descartando outros segmentos que poderiam render ganhos consideráveis. Veja o mercado de refrigerantes: cada vez mais são criados novos sabores ou apresentadas novas embalagens. Essas inovações dirigem-se todas ao mesmo mercado, não estão criando novas categorias de produto, mas afunilando o mercado e penetrando cada vez mais no mesmo segmento – muitas vezes até roubando vendas da mesma empresa. Em princípio

O marketing lateral serve como um processo de inovação que irá auxiliar o marketing tradicional a pensar em maneiras inovadoras de gerar novas categorias de produto ou serviço.

parece que existiu uma inovação, mas a empresa está apenas afunilando suas estratégias em um mercado já existente.

Queremos salientar que a segmentação de mercado é uma das mais importantes ferramentas de marketing e não queremos descartá-la do rol de estratégias mercadológicas. Pelo contrário, sabemos que, sem um processo de segmentação do mercado, não existem estratégias de marketing. Porém, essa segmentação parte de uma visão verticalizada do mercado, ou, como já dissemos, o afunila. Cada novo produto lançado é resultado de um produto já existente, apenas em novas versões ou com novos complementos. O marketing lateral serve como um processo de inovação que auxilia o marketing tradicional a encontrar maneiras inovadoras de gerar novas categorias de produto ou serviço.

Para podermos entender a importância do marketing lateral como processo de inovação, vejamos primeiro as maneiras tradicionais de inovar, para depois compararmos de modo mais adequado as duas abordagens.

> Assista ao vídeo no qual Kotler apresenta a inovação em marketing lateral:

MANEIRAS TRADICIONAIS DE INOVAR

Para Kotler e De Bes[2], as maneiras tradicionais de inovar em um mercado em muitas situações não criam novas categorias, e sim acabam por afunilar ainda mais o mercado e negligenciar outros segmentos. Elas podem ser descritas como segue.

Há empresas que aumentam ou reduzem as características básicas do produto. A isso os autores dão o nome de **inovação criada em modulação**. São desse tipo as inovações dos fabricantes de sucos naturais. Em seu processo de inovação, retiram o açúcar ou acrescentam mais frutas à receita. Repare que estão apenas intensificando algumas características já existentes, não necessariamente criando uma nova categoria, porque o produto ainda se mantém direcionado aos mesmos consumidores.

> **Há empresas que aumentam ou reduzem as características básicas do produto. A isso os autores dão o nome de *inovação criada em modulação*.**

---

2. KOTLER & TRIAS DE BES, 2004.

Praticamente estão atendendo ao mesmo segmento ou, no máximo, roubando os clientes da concorrência que, em pouco tempo, também irá adotar tais atributos. O diferencial dessas empresas é de pouca duração, pois rapidamente se torna o padrão da categoria.

Isso ocorre também com produtos como sabão em pó, com o aumento de sua capacidade de limpar melhor as roupas, ou detergentes com menos componentes químicos. Os bancos oferecem menores taxa de juros, e há muitos outros exemplos.

Outra tática de inovação nessa categoria ocorre quando algumas empresas aumentam o volume de seus produtos; essa é a chamada **inovação baseada em tamanho**. Como exemplo, temos as embalagens de refrigerante e seus vários tamanhos disponíveis no mercado. A alegação para esse tipo de inovação é que as empresas estão criando produtos para necessidades dos consumidores distintas entre si, pois há aqueles que consomem grandes quantidades e outros, pequenos volumes. Os vários tamanhos também servem para atender a segmentos diferenciados, como o uso individual ou familiar. Porém, assim como na inovação descrita anteriormente, não é criado um novo mercado e, portanto, a novidade é facilmente copiada pela concorrência, não determinando a criação de uma nova categoria de mercado. Cabe ressaltar, não obstante, que essas inovações são válidas; apenas apontamos mais uma vez que possivelmente são de tempo limitado porque a concorrência as copiará sem dificuldade, a exemplo das fabricantes de refrigerante: assim que uma aumenta a embalagem, todas fazem o mesmo.

Os provedores de internet aumentam a banda larga e... todas as outras fazem o mesmo. A maioria dos produtos alimentícios está adotando essa estratégia para poder atender a segmentos específicos e, como mencionamos no início do capítulo, isso redunda em muitas marcas com poucos diferenciais brigando pela atenção do consumidor.

Algumas empresas inovam introduzindo modificações nas embalagens. É a **inovação baseada na embalagem**. Aqui podemos citar o exemplo dos alimentos enlatados que agora dispensam o abridor. Há empresas de panetone que comercializam seus produtos em recipientes de lata com valor agregado para consumidores de maior poder aquisitivo. Essa mesma ânsia de inovar nas embalagens redundou em alguns casos nos quais a ideia fracassou, porque o comportamento do consumidor não foi avaliado corretamente.

Em 2011, a Brahma lançou no mercado uma latinha de cerveja que virava copo. Bastava retirar a parte de cima do recipiente, como se faz com as latas de extrato de tomate. Não deu certo, porque as pessoas tomam cerveja na lata justamente em busca da sensação tátil; a lata faz parte de seu ritual de tomar cerveja. As que gostam de beber no copo simplesmente despejam o conteúdo da lata no copo. Simples assim. Portanto, não havia demanda para esse produto: são maneiras diferenciadas de uso. Essa foi uma inovação que não surtiu o efeito desejado.

Muitas empresas trabalham intensamente com o design, num processo conhecido como **inovação baseada em design**, muito comum no caso de relógios, joias e tênis, entre uma infinidade de outros produtos. Mais uma vez, isso causa um impacto muito grande no lançamento, mas é facilmente copiado pelos concorrentes, como notamos no design de celulares e computadores que, em sua grande maioria, exibem poucas diferenças entre si.

Temos também a **inovação baseada em complemento**. Esta consiste na adição de novas características ao produto central, como o acréscimo de vitaminas em sucos e bolachas, entre outros alimentos e bebidas.

Por fim, temos a **inovação baseada em redução de esforço**, quando as empresas procuram reduzir o esforço do consumidor para adquirir ou usar o produto. Como exemplo, podemos mencionar as compras pela internet, que evitam a ida até as lojas físicas.

Essas maneiras tradicionais de inovar não podem ser descartadas. Muitas delas podem gerar um aumento substancial das vendas, mas é preciso atentar para o fato de que, em determinadas situações, os efeitos podem ser de curta duração e elas facilmente copiadas pela concorrência. Diante disso, por que não pensar nas maneiras tradicionais de inovar em conjunto com as inovações baseadas no marketing lateral? Passemos, então, a analisar as estratégias de inovação baseadas no marketing lateral como complemento ao marketing tradicional.

Você se lembra da nova lata da Brahma? Veja o comercial do lançamento:

Em determinadas situações, podem ser de curta duração e facilmente copiadas pela concorrência.

INOVAÇÕES BASEADAS EM MARKETING LATERAL

Quando pensamos em inovar aplicando as possibilidades do marketing lateral como complemento às estratégias tradicionais, partimos para um processo sistematizado que se inicia com a seleção de um foco de atuação. Esse foco de atuação pode ser um problema focal de mercado, um produto ou uma necessidade específica dos consumidores. Após a seleção do foco de atuação, deve-se passar aos níveis que podem ser abordados com a criatividade lateral. Esses níveis são o mercado, o produto e o mix de marketing. Vejamos agora cada um desses níveis separadamente.

Inovação no nível do mercado

Aqui, a inovação consiste em substituir uma das dimensões do mercado por outra descartada. Para tanto, analisamos alguns componentes presentes no mercado e, com base nessa análise, podemos criar novos produtos ou novas categorias de produto. Esses componentes estão relacionados à necessidade, ao público-alvo, ao momento, ao lugar, à ocasião e à atividade.

Quando tratamos da **necessidade** na análise do produto ou do mercado, nosso objetivo é pensar lateralmente e verificar se existe a possibilidade de cobrir outra utilidade que esteja aberta e que não tenha sido identificada por nenhum concorrente. Pense em seu mercado. Identifique qual necessidade o seu produto está satisfazendo e verifique se, com uma nova concepção estratégica, ele não conseguiria resolver problemas de outros segmentos do mercado.

Um exemplo desse tipo de estratégia – que se tornou sinônimo de categoria – é o caso do energético Red Bull. A empresa poderia simplesmente criar um novo produto para matar a sede, como todos os seus rivais de mercado, mas, em vez de partir para um processo de inovação tradicional, criou um produto que, além de matar a sede, ainda revigora as forças dos consumidores – ou lhes dá "asas" com um líquido energético.

Em seu processo de inovação, a empresa verificou uma lacuna no mercado e criou um produto inovador que literalmente gerou uma nova categoria. Depois, outras empresas criaram produtos similares, mas, como o Red Bull foi o pioneiro, acabou por se tornar sinônimo de categoria de produto.

A INOVAÇÃO NO NÍVEL
DO MERCADO CONSISTE
EM SUBSTITUIR UMA DAS
DIMENSÕES DO MERCADO POR
OUTRA, QUE É DESCARTADA.

Outro caso desse tipo é o da aspirina. Com base em estudos do comportamento do consumidor norte-americano, foi identificado que esse produto era usado para prevenir infarto. Com essa informação, o fabricante passou a divulgar uma nova utilização para o produto, tendo identificado uma necessidade do mercado que nenhum outro concorrente havia percebido.

O Kinder Ovo também se encaixa nessa categoria de inovação, porque literalmente inovou com uma estratégia de marketing lateral ao juntar dois mercados e criar um novo e único: o mercado de chocolate com um brinquedo. O fabricante identificou uma necessidade e também pôde se tornar sinônimo de categoria porque, afinal, o que é o Kinder Ovo? Um chocolate, um brinquedo ou uma surpresa? Nenhum dos três: é o Kinder Ovo.

Outro caso que podemos citar de produto com uma nova utilidade é o dos aparelhos de barbear da Gillette. Agora, em suas campanhas publicitárias, a empresa informa que o produto também serve para a depilação dos homens. Esse é um nicho de mercado interessante quando pensamos que os homens estão a cada dia se preocupando mais com cuidados de beleza e que muitos deles passaram a depilar partes do corpo. Boa ideia da empresa. Ótima maneira de identificar uma nova necessidade no mercado.

> **A tática da mudança de público-alvo consiste em analisar o mercado e verificar se um produto usado por um determinado grupo de consumidores poderia, com alguma reformulação, atender a outros segmentos específicos.**

Outra maneira de inovar com base no nível do mercado é a mudança do **público-alvo**. Essa tática consiste em analisar o mercado e verificar se um produto usado por certo grupo de consumidores poderia, com alguma reformulação, atender a outros segmentos específicos. Mais uma vez, sugerimos que você analise detalhadamente seu público-alvo e estude se é possível atender a outros públicos com o mesmo produto.

Empresas que oferecem diversão com a prática de esportes radicais mudaram o seu público-alvo e conseguiram inovar no mercado pensando lateralmente, isto é, após identificar seu público-alvo, mudaram o modo de enxergar o mercado e identificaram outros segmentos que também poderiam se beneficiar de seu produto. Essas práticas antes eram limitadas a consumidores individuais; se uma pessoa quisesse fazer um passeio de caiaque ou praticar algum esporte de aventura, iria até o local sozinha ou no máximo com um grupo de amigos. Agora, há operadoras comercializando pacotes de esporte de aventura para empresas que, com essas atividades, procuram fortalecer a integração e a socialização de seus funcionários. Uma excelente opção de mudança do público-alvo.

Kotler e De Bes[3] também mencionam como exemplo desse tipo de inovação os famosos karaokês; antigamente fazia mais sucesso com os orientais, principalmente os japoneses, por fazer parte de sua cultura. Agora, com a popularização de máquinas para esse propósito, o karaokê está presente em mercados que antes ninguém imaginava interessados. As empresas, então, pensaram lateralmente e conseguiram inovar, alcançando outros grupos de consumidores.

Mais uma vez podemos citar a Gillette que, ao analisar que as mulheres de seus consumidores-alvo, perceberam que estas usavam os aparelhos deles para pequenas depilações. Lançaram, assim, o Gillette Woman, com design diferenciado, mais delicado, feminino e adequado para suas mais novas consumidoras.

Outra tática de inovação citada pelos autores baseia-se nos **momentos**. Isso significa tentar oferecer novos momentos para o uso de um produto ou serviço. Pense se o seu produto não poderia ser usado em outros momentos do dia que não o tradicional, a que os consumidores já estão acostumados. Como exemplo, podemos citar os supermercados 24 horas que, nos grandes centros, além de se adequarem à vida corrida dos consumidores, literalmente criaram um novo padrão de compra. É claro que agora isso se tornou natural, com muitas empresas usando esse diferencial, mas no início poucas marcas conseguiram uma notória diferenciação no mercado.

As lojas 24 horas deram início a uma nova geração de negócios, que se aproveitaram do estilo de vida moderno nos grandes centros urbanos, cujos habitantes esperam que as empresas os atendam dia e noite. Hoje, além de supermercados, existem academias de ginástica, postos de gasolina e vários outros serviços 24 horas.

Ainda pensando em postos de gasolina, podemos citar como inovação dessa categoria as lojas de conveniência, que também conseguiram mudar o momento em que adquirimos determinados produtos ou serviços. Nos grandes centros, elas também se tornaram ponto de encontro onde os jovens se reunem antes de sair para a balada.

---

3.   KOTLER & TRIAS DE BES, 2004.

Outra opção de inovação em termos de mercado é o **lugar**. Nessa categoria, para introduzir uma inovação, a empresa deve pensar em como criar um novo cenário para o uso de seus produtos ou serviços. Aqui cabe uma pequena ressalva. Note que os exemplos citados não foram pensados lateralmente antes de serem desenvolvidos, mas os encaixamos nessa categoria como possibilidades de se pensar em novas ideias para futuros lançamentos de produtos. Considerando os produtos já criados para serem encaixados nessa categoria, temos o exemplo dos comerciais em programas de televisão.

A empresa deve pensar em maneiras de criar um novo cenário para o uso de seus produtos ou serviços.

No Brasil, principalmente na TV aberta, é muito comum a veiculação de propagandas ou mensagens publicitárias durante um programa televisivo. Você está assistindo a um programa da tarde, por exemplo, e o apresentador faz uma pausa no assunto e anuncia um produto, que pode ser uma câmera digital, remédios, produtos para emagrecer etc.

Para Kotler e De Bes[4], isso é uma inovação porque muda o cenário no qual a mensagem é transmitida. Em vez de aguardar o intervalo comercial, a propaganda é apresentada dentro do próprio programa. Em muitas situações, essa estratégia impede que os telespectadores mudem de canal no momento em que começa o intervalo para a propaganda. Com isso, as mensagens conseguem fugir do perigo do controle remoto.

Outro produto que se encaixa nessa categoria é o GPS. Antes usado para localização marítima, agora nos grandes centros ele se tornou um item quase indispensável em automóveis ou no aparelho celular.

Também temos o celular, que acabou mudando o cenário no qual estávamos acostumados a fazer nossas ligações. Antes o telefonema estava restrito a nossas residências ou aos telefones públicos; hoje, podemos efetuar ligações em qualquer lugar. Na realidade, o celular é um caso à parte porque inovou lateralmente várias atividades que desempenhamos. Além da ligação propriamente dita, modificou o cenário de uso da internet (antes restrito ao computador pessoal), de ouvir música, ler um livro ou notícias, entre diversos outros usos.

Nessa categoria de inovação de lugar, também podemos citar como exemplo o ramo do turismo rural. Atualmente, fazendas usadas para

---

4.   KOTLER & TRIAS DE BES, 2004.

a produção de vinho abrem as portas para turistas que, além de visitar a plantação e passar o dia em um ambiente bucólico, longe da agitação das cidades, também podem criar seu próprio vinho, colocar seu nome e levar a garrafa para casa. Mudou-se o cenário de local de plantação de uvas para um de preparação de vinho, com um passeio turístico. Juntaram-se dois mercados para criar uma nova categoria de produto ou serviço.

> **Desconstrua o seu produto, estude o comportamento de seu consumidor e verifique se existe outro lugar onde seu produto possa ser usado.**

Portanto, desconstrua o seu produto, estude o comportamento de seu consumidor e verifique se existe outro lugar onde seu produto possa ser usado. No entanto, note: o fato de ser usado em outros lugares jamais pode significar reduzir a importância do produto, ou seja, diminuí-lo em relação ao mercado e aos concorrentes.

Outra dimensão disponível para a inovação no mercado é a **ocasião**. Segundo os autores, isso significa conectar o seu produto ou serviço a um evento específico que possa gerar um gatilho e automaticamente se vincular ao produto ou à marca. A Unicef se enquadra nessa categoria ao mandar seus cartões de Natal pedindo doações; assim, as pessoas automaticamente associam a empresa com essa data especial e emocional, porque nessa época estamos mais emotivos do que em outros períodos do ano.

Também temos produtos ligados diretamente ao esporte, como o Gatorade. Sempre que presenciamos um evento esportivo, principalmente nos Estados Unidos, o produto aparece em destaque, em especial no futebol americano, em que o técnico da equipe vencedora toma um banho com o produto no ritual de comemoração pela vitória.

Propaganda do Gatorade:

No mercado brasileiro também tivemos um ótimo caso de conexão de um produto a um evento. Em 2007, a Brahma criou uma campanha promocional chamada "zeca-feira", capitaneada por seu garoto propaganda Zeca Pagodinho que, além de ser consumidor fiel e declarado da marca de cerveja, é uma figura descontraída que nos remete diretamente ao produto. A zeca-feira era a quarta-feira, dia em que ele convidava os consumidores a se encontrar com os amigos e tomar uma cerveja para dar uma folga na semana.

A grande sacada da ideia é que quarta-feira é um dia tradicional de jogos de futebol. Assim, criou-se naturalmente, ou se intensificou, o vínculo da cerveja com o futebol e com os amigos. Uma bela estratégia de marketing.

Verifique, então, se o seu produto pode ser vinculado a um evento ou uma data especial. Se existir essa possibilidade, crie uma estratégia para comunicar essa situação e assim criar gatilhos entre o evento e o seu produto.

Por fim, uma inovação no nível do mercado pode envolver alguma **atividade**. Isso significa incluir o produto em experiências que as pessoas vivem no dia a dia, que sejam rotineiras para esses consumidores. Entre vários exemplos, podemos citar os audiolivros que as pessoas podem ouvir enquanto dirigem ou praticam esportes, e os livros digitais que podem ser lidos enquanto estamos no metrô, assim como os celulares em que ouvimos música enquanto nos ocupamos com outras atividades cotidianas.

Uma inovação no nível do mercado pode envolver uma atividade, o que significa colocar os produtos em experiências que as pessoas vivem em seu dia a dia, ou que sejam rotineiras para esses consumidores.

Essas são as possibilidades oferecidas pelo marketing lateral para a inovação no nível do mercado. Nos exemplos dados, conferimos situações em que houve a junção de dois mercados para criar um terceiro. No início desse processo de criação de um novo mercado, havia menos concorrentes em cada uma das dimensões, e por isso as empresas que adotaram primeiro essas estratégias obtiveram ganhos substanciais. Muitas delas inclusive acabaram se tornando sinônimo de categoria.

Inovação no nível do produto

Quando Kotler e De Bes[5] mencionam as inovações baseadas no produto, apresentam modos de usar a criatividade tendo como base as categorias do produto e as maneiras de pensá-lo para a geração de novos mercados, mediante o uso das seguintes estratégias: substituição, combinação, inversão, eliminação, exagero e reordenação. Passemos agora ao estudo de cada um desses casos, mencionando exemplos de

---

5.   KOTLER & TRIAS DE BES, 2004.

mercado citados pelos autores ao lado de outros que acompanhamos no mercado brasileiro, com o objetivo de proporcionar novas ideias para suas estratégias mercadológicas.

Começamos com a **substituição**, que consiste em remover um elemento do produto e modificá-lo, criando um novo, para substituir outros produtos ou para abrir novos mercados. Um grande sucesso dessa tática são as embalagens Tetra Pak.

Sua onipresença faz com que muitas vezes nem nos lembremos de como era a vida sem essas embalagens. Muitos não se recordam de que antigamente, no Brasil, o leite era comercializado em garrafas; depois passou a ser vendido em saquinhos plásticos (esses, sim, da nossa época; morríamos de medo que estourassem quando voltávamos da padaria). Por fim chegamos à embalagem Tetra Pak que, além de oferecer maior segurança no transporte, ainda proporciona armazenamento por mais tempo. Sua inovação foi substituir as embalagens de vidro ou plástico.

Outro exemplo de inovação por substituição, no sentido de remover ou eliminar um componente do produto, são as barras de cereal. Antigamente, um produto destinado ao café da manhã, acompanhado de leite e frutas, o mix de cereais passou a ser consumido em outras ocasiões como um lanche rápido que cabe no bolso. A simples modificassão do modo de consumi-lo tornou o produto um sucesso de vendas.

E por falar em sucesso de vendas, não podemos esquecer o Cirque du Soleil. Esse é um exemplo muito citado quando nos referimos às estratégias de oceano azul, conceito criado por W. Chan Kim e Renée Mauborgne em seu livro publicado em 2005, no qual propõem técnicas de inovação baseadas no produto com o objetivo de fugir dos oceanos vermelhos, aqueles nos quais a concorrência é muito intensa, e desenvolver oceanos azuis, mercados ainda inexplorados pelos players do mercado. O Cirque du Soleil também se encaixa perfeitamente na categoria de marketing lateral. A empresa eliminou alguns componentes dos circos tradicionais (como os animais) e passou a apresentar os personagens como num show da Broadway. Esse é um caso de marketing lateral porque da união de dois produtos (circo + show da Broadway) nasceu um novo mercado.

No mercado brasileiro, temos o sucesso do refrigerante H2OH!, uma água gaseificada com sabor. A redução de um dos componentes do produto (o gás do refrigerante) resultou na criação de uma nova categoria de produto, que não é água, muito menos refrigerante: é H2OH!

Esse exemplo é interessante porque, se a empresa quisesse entrar no mercado de refrigerantes, poderia simplesmente manter a quantidade de gás do seu produto e se tornar mais um desafiante, mas os esforços seriam tantos que no máximo ela conseguiria apenas pequenas fatias de mercado. O fabricante também poderia ter retirado todo o gás de sua bebida e entrar no mercado de águas, oferecendo uma água com sabor. Nesse caso, ela entraria em um mercado também com muitos concorrentes; seria preciso um grande investimento para brigar por pequenas parcelas de mercado. Em vez disso, criou uma água levemente gaseificada, destinada àqueles consumidores preocupados com a saúde, e literalmente roubou clientes da água e dos refrigerantes, originando um mercado exclusivo para o seu produto. Ótima estratégia de marketing.

Assim, analise o seu produto e verifique se, eliminando ou adicionando algum componente, existe a possibilidade de criar um novo mercado. Tente juntar dois segmentos de mercado e verifique se dessa junção pode surgir um terceiro. Pense lateralmente o seu produto.

> **Analise o seu produto e verifique se, eliminando ou adicionando algum componente, existe a possibilidade de criar um novo mercado. Tente juntar dois segmentos de mercado e verifique se dessa junção pode surgir um terceiro. Pense lateralmente o seu produto.**

Outra opção de uso dos componentes do produto para chegar a uma inovação é a **combinação**. Ela consiste em acrescentar novos atributos ao produto mantendo os já existentes, e assim criar novas demandas de mercado. Como exemplo dessa estratégia, podemos novamente citar o Kinder Ovo. Criado em 1974 pela empresa italiana Ferrero, esse misto de chocolate com surpresa é um sucesso de mercado. Sua estratégia de inovação se encaixa nesta categoria pelo fato de unir o chocolate com uma surpresa, ou seja, a empresa conseguiu acrescentar um novo componente ao produto e criou algo distinto do que já existia no segmento. Literalmente, surgiu uma nova categoria de produto.

Aqui também podemos citar como exemplo as operadoras de TV a cabo que incluem outros serviços no pacote básico, como acesso à internet e telefone. Ou então os aparelhos celulares, que agora possuem tantas funções agregadas que fazer ligações é a última coisa com que nos preocupamos. Esses casos mostram a combinação de outros produtos ou atributos para criar um terceiro no mercado.

No caso da inovação pela **inversão**, segundo os autores, a estratégia consiste em dizer o contrário de alguns elementos do produto. Trata-se, ao analisar todo o processo de uso do produto, de identificar aquele que pode ser simplesmente eliminado ou que a empresa pode deixar de cuidar, passando a atribuição ao consumidor. Note, porém, que o atributo retirado se refere ao processo, não aos componentes do produto. Quando temos uma pizza congelada, o fabricante simplesmente disse "não" a uma das fases do processo: o ato de assar o produto, delegando ao consumidor essa incumbência.

O mesmo ocorre com outras comidas congeladas, já que cabe ao consumidor executar uma parte do processo. Quanto ao mercado bancário, você se lembra de como eram feitos os depósitos antigamente? Era o caixa que tinha de executar uma grande parte do processo, preenchendo a ficha de depósito (em algumas situações, o próprio cliente preenchia), digitando os dados do correntista e emitindo o recibo. Hoje, com os caixas eletrônicos, todas essas operações ficam a cargo do cliente.

Com a intensificação do uso dos meios digitais, muitas funções que eram responsabilidade de um vendedor passaram para os clientes, por exemplo, na compra de ingressos para o cinema, os próprios consumidores escolhem a sessão, a poltrona e imprimem o tíquete. Na compra de móveis para casa ou escritório, hoje o cliente pode analisar as opções e escolher aquela que melhor atende às suas necessidades; antes, era totalmente responsabilidade do vendedor mostrar as opções. E sem dúvida o leitor está se lembrando de situações de relacionamento digital em que ele mesmo executa a maior parte da transação comercial.

Analise os processos de compra e uso de seu produto e verifique se pode transferir uma parte deles para os consumidores. Mas lembre-se: delegar uma parte para os consumidores deve agregar valor ou proporcionar uma experiência diferenciada. Caso não consiga oferecer essas vantagens, mantenha o processo como está e pense em outras possibilidades de inovar lateralmente.

Temos também a **eliminação**, quando removemos algum ou alguns componentes do produto para criar ou identificar novas demandas de mercado. Podemos citar, neste caso, o exemplo do telefone sem fio, cujo próprio nome indica o que foi eliminado. Há os refis de produtos de limpeza que eliminam a necessidade de comprá-los na embalagem "oficial", e novamente o próprio Cirque du Soleil, que eliminou os animais de suas apresentações. Também nesta categoria incluem-se, para desconforto dos passageiros, as companhias aéreas que eliminaram o serviço de bordo em viagens de curta distância.

O **exagero** consiste em exacerbar, para mais ou para menos, alguns componentes do produto. Aqui podemos citar o programa Big Brother, que nada mais é que um exagero, em termos de produto, dos antigos programas de competição: é no tempo que os participantes ficam confinados na casa que está o exagero. As lentes de contato, em outro exemplo, são um exagero, para menor, dos atributos de um produto, no caso, os óculos. Os tablets, também para menor, são um exagero em relação aos computadores, entre outras diversas situações que acabaram se tornando uma inovação de mercado.

> **Reordenação é a estratégia de pensamento lateral que consiste em mudar a ordem natural ou a sequência de utilização de um produto.**

Por último, pensando em inovação nos componentes de produto, temos a **reordenação**. Essa estratégia de pensamento lateral consiste em mudar a ordem natural ou a sequência de utilização de um produto. Como exemplo dessa abordagem podemos citar o gel usado antes de barbear. As empresas reordenaram a aplicação desse produto, que normalmente era usado após o barbear. Assim, introduziram uma inovação no mercado.

Inovação no nível do mix de marketing

Quando pensamos em inovações no mix de marketing, devemos ter em mente as estratégias usadas quanto ao preço, à praça e à promoção, uma vez que o produto já foi trabalhado anteriormente.

Quando tratamos de inovações no **mix de preço**, é preciso pensar em novas possibilidades para as condições de pagamento à disposição do cliente no momento em que se relaciona com a empresa. Com os avanços da tecnologia, muitas empresas estão inovando nesse quesito, com o pagamento de contas em caixas eletrônicos. Trata-se de uma inovação que, apesar de agora ser comum, sem dúvida foi uma maneira diferenciada de proporcionar mais comodidade aos clientes, que inclusive podem pagar suas contas também pela internet ou pelo smartphone.

Com o sistema Sem Parar, agora não existe mais a necessidade de enfrentar filas gigantescas nos pedágios nos feriados prolongados.

O sistema pré-pago das operadoras de celular, como maneira de garantir uma quantia fixa a ser paga pelos consumidores, é uma estratégia muito bem pensada, à qual atualmente até algumas empresas de TV a cabo, como a Sky, estão aderindo.

Recentemente surgiu a opção de efetuar pagamentos pelo celular. Esse serviço, que ainda está em desenvolvimento em vários países, é mais um exemplo, entre outros, de inovação da estratégia de preço, possível graças aos avanços tecnológicos que permitem às empresas pensar em novos formatos de relacionamento com os consumidores.

No nível do **mix de praça** estão incluídas as táticas usadas pelas empresas para vender seus produtos e fazer que cheguem às mãos dos consumidores no momento certo e na quantidade desejada.

Compras pelo celular:

O mix de praça foi um fator que ganhou destaque com o advento das novas tecnologias. Tornou-se possível efetuar compras pela internet ou pelo celular. Hoje em dia, podemos adquirir todo e qualquer produto pela internet, seja no mercado local, seja do outro lado do mundo. Essa foi uma inovação que realmente revolucionou o mercado.

E ainda temos exemplos de comercialização no mundo físico, onde a busca por maior comodidade para os consumidores proporciona maneiras diferenciadas de comercialização, a exemplo da venda de preservativos em banheiros de casas noturnas.

> **A estratégia de preço foi um fator que ganhou destaque com o advento das novas tecnologias. Tornou-se possível efetuar compras pela internet ou pelo celular.**

Também podemos destacar como uma opção diferenciada de comercialização as *vending machines* que ofertam desde iPods em alguns aeroportos até livros nas estações de metrô de São Paulo, lanches em universidades e escritórios, e todo e qualquer tipo de produtos de informática, de pen-drives a notebooks, em alguns locais de Las Vegas. Temos supermercados virtuais estabelecidos em algumas estações de metrô em Seul: basta escolher o produto usando o celular que a compra estará na residência do comprador no final no dia, quando este chegar do trabalho. São inúmeras as inovações na maneira de distribuir produtos e serviços.

O MARKETING LATERAL É UM COMPLEMENTO DO MARKETING TRADICIONAL DESTINADO A GERAR NOVAS POSSIBILIDADES DE COMERCIALIZAÇÃO. AS DUAS ABORDAGENS DEVEM SER PENSADAS EM CONJUNTO PARA PROPORCIONAR MAIOR ASSERTIVIDADE ÀS EMPRESAS DIANTE DE MERCADOS CADA VEZ MAIS SATURADOS E PREDATÓRIOS.

Por fim temos as inovações do **mix de promoção**. Nesse sentido, as empresas devem pensar como comunicar seus produtos ou diferenciais ao seu público-alvo. É, mais uma vez, de repensar o seu formato de comunicação com seu mercado.

Nesse ponto também não podemos deixar de considerar a tecnologia, mas devemos ressaltar que estamos nos referindo sempre à junção de estratégias que anteriormente eram usadas em separado e que, quando usadas em conjunto com outras estratégias, permitem uma inovação. Como exemplo, temos os catálogos eletrônicos, que unem a vantagens dos catálogos físicos com a facilidade oferecida pelos meios digitais. As propagandas em vídeos no YouTube são um modo mais adequado de contar uma história aos seus consumidores sem a limitação da propaganda de 30 segundos, como nas estratégias tradicionais. Promoções e descontos que hoje podem ser encaminhados por um smartphone representam um diferencial, assim como o poder de contágio criado por grupos de desconto e promoção como o Grupon.

Como vimos, essas foram as táticas de inovação propostas por Kotler e De Bes[6] dentro do marketing lateral. São maneiras de repensar o mercado com base nos níveis apresentados e propor modos criativos de introduzir novas categorias. Cabe ressaltar que o marketing lateral é um complemento do marketing tradicional destinado a gerar novas possibilidades de comercialização. As duas abordagens devem ser pensadas em conjunto para proporcionar maior assertividade às empresas diante de mercados cada vez mais saturados e predatórios.

Ações de marketing com *vending machines*:

---

6. KOTLER & TRIAS DE BES, 2004.

"Vende como água"

· · · · · · · · · · · · · · · · · · · ·

Revista *Exame*

O executivo carioca Carlos Ricardo, diretor de marketing da divisão Elma Chips da Pepsico, a gigante americana do setor de alimentos e bebidas, é hoje visto como uma estrela em ascensão no mundo do marketing. Ele é o principal responsável pela criação e pelo lançamento de um produto que movimentou, de forma surpreendente, o mercado de bebidas em 11 países. A princípio, pouca gente fora da Pepsi e da Ambev, empresas responsáveis por sua produção, colocava fé na H2OH!, bebida que fica a meio caminho entre a água com sabor e o refrigerante diet. Mas em apenas um ano a H2OH! conquistou 25% do mercado brasileiro de bebidas sem açúcar, deixando para trás marcas tradicionais, como Coca-Cola Light e Guaraná Antarctica Diet. Além dos números de vendas, a H2OH! praticamente deu origem a uma nova categoria de produto, na qual tem concorrentes como a Aquarius Fresh, da Coca-Cola, e que já é maior do que segmentos consagrados, como os de leites com sabores, bebidas à base de soja, chás gelados e sucos industrializados. "Percebemos que havia uma oportunidade a ser explorada entre os consumidores que queriam, ao mesmo tempo, o apelo saudável dos sucos e da água aliado ao sabor dos refrigerantes, tudo isso com um conceito de mais leveza", diz Ricardo.

A ideia de produzir tal híbrido surgiu quando Ricardo comandava a divisão de marketing global da Seven Up, um dos refrigerantes da Pepsico. Trabalhando em Nova York, ele teve como primeiro desafio dar fôlego novo à antiquada soda sabor limão, que se encontrava estagnada. O crescimento das vendas era de pífio 0,6% a cada ano, equivalente a um quinto da média do mercado de refrigerantes, um segmento já em crise, hiperpovoado de concorrentes e alvo de campanhas contra a obesidade. "Nossa marca vivia uma situação tão ruim que muitos de meus colegas vieram me dar os pêsames ao saber de minhas novas funções, e alguns comentaram que eu havia recebido um mico para administrar", diz. Em 2003, Ricardo e sua equipe iniciaram um processo de rejuvenescimento do produto, que passou a ter uma versão chamada refreshment, em que uma fórmula-base ganhava diferentes variações de sabor. Funcionou. A Seven Up registrou, a partir de então, crescimento médio de 11% ao ano em suas vendas. Ricardo e seu time decidiram dobrar a aposta um ano e meio depois para conquistar mais consumidores – especialmente entre aqueles que se recusavam a comprar qualquer tipo de refrigerante.

Para entender as razões da rejeição, pesquisadores foram enviados a países com hábitos de consumo tão diferentes como Arábia Saudita, China, Inglaterra, México e Rússia. O estudo chegou a três respostas básicas. Alguns abandonavam o hábito porque não queriam mais ingerir açúcar e calorias – e, por tabela, engordar. Outros sentiam desconforto com a sensação de a barriga estufar com bebidas gasosas. Um último grupo estava em busca de produtos mais naturais, ligados à vida saudável, e descartava até mesmo bebidas diet. O passo seguinte foi passar os resultados da pesquisa aos laboratórios da empresa e transformar esses conceitos em uma fórmula. Começava, assim, a nascer a H2OH! O novo produto não levava corantes ou açúcar e tinha uma quantidade de gás menor do que os refrigerantes tradicionais. O primeiro protótipo, batizado internamente de Splash, foi um fracasso retumbante nos testes pré-lançamento. "Pelas pesquisas de mercado que fizemos com consumidores de cinco países, a bebida passava a sensação de ser uma Seven Up aguada e sem graça", diz Ricardo.

Foi aí que seu grupo decidiu afastar a bebida da categoria dos refrigerantes para aproximá-la das águas aromatizadas. Para começar, aumentou-se a quantidade de água na composição (cerca de 99%) e diminuiu-se ainda mais o volume de gás. O suco de limão da Seven Up original continuou presente, só que em menor concentração, e adicionou-se um composto com vitaminas – uma atenção especial à proposta saudável do produto. "A partir de um fracasso criamos um produto novo", diz Ricardo. A escolha do nome, o último detalhe que faltava, também obedeceu à mesma lógica. Eles queriam encontrar uma marca que diferenciasse o produto da categoria dos refrigerantes. Ricardo e sua equipe estudaram um catálogo com mais de 20.000 marcas registradas pela Pepsico. No momento em que acharam o nome H2OH!, sabiam que tinham encontrado a opção ideal. No final dos anos 1980, essa marca já havia sido utilizada num refrigerante lançado – sem grande sucesso – nos Estados Unidos.

O tropeço inicial e as mudanças na fórmula e na estratégia de marketing acabaram tirando o produto de um segmento em queda e o colocaram na crista de uma das fatias do mercado de bebidas que mais crescem no mundo. Enquanto os refrigerantes – mesmo os diet – marcam passo em vendas, as águas minerais movimentaram em 2006 cerca de 4 bilhões de dólares no mundo, um crescimento de 16% em relação ao ano anterior. No mercado brasileiro, a água com marca é um produto de consumo que também vem crescendo. Projeções indicam que, no final de 2007, esse tipo de bebida movimentará 286 milhões de litros, cinco vezes mais do que, por exemplo, a venda de chás gelados.

Depois de liderar a virada da Seven Up e conduzir a gênese da H2OH!, Ricardo prepara-se agora para mudar a linha de produtos da Elma Chips no Brasil. Os salgadinhos artificiais com suas calorias e altos índices de gordura são itens proscritos da dieta de pessoas adeptas da vida saudável. O Ministério da Saúde ameaça com restrições severas a publicidade desse tipo de produto como forma de coibir seu consumo por crianças. A adaptação, mais uma vez, é o desafio de Ricardo. A Elma Chips acaba de lançar uma linha de produtos à base de mandioca e inhame fritos, batizada sugestivamente de Sabores da Terra. Pelo jeito, Ricardo e sua equipe terão de, mais uma vez, trabalhar com o ceticismo de parte do mercado.

Fonte: <http://exame.abril.com.br/revista-exame/edicoes/901/noticias/vende-como-agua-m0137599>.

1 Com base no texto "Vende como água", podemos afirmar que se trata de uma estratégia de marketing lateral? Justifique sua resposta com base no texto e na teoria apresentada no capítulo.

2 Conceitue essa estratégia e indique em qual nível (mercado, produto ou mix de marketing) o caso apresentado se encaixa.

3 Faça uma análise dos pontos fortes e dos pontos fracos da estratégia da empresa apresentada no caso. Justifique cada um dos itens.

4 Com base no produto citado no texto, formule uma estratégia de marketing lateral. Desconstrua o produto e proponha outro, com base nos níveis de mercado, de produto ou do mix de marketing. Essa análise deverá gerar um novo produto que irá minimizar os pontos fracos descritos em sua análise.

5 Faça um plano de ação para o lançamento do produto no mercado. Para facilitar sua estratégia, descreva o mix de marketing do novo produto.

6

Gestão da complexidade

APRESENTAÇÃO

A gestão da complexidade no marketing vem se tornando ponto fundamental para a sobrevivência das empresas em mercados cada vez mais complexos, incertos, imprevisíveis, nos quais a lógica linear pouco esclarece os fenômenos observados. Complexidade é a condição de um sistema ou de uma situação em que diversos elementos se combinam e configuram um padrão difícil de entender de maneira lógica. Não há uma receita pronta que possa ser usada em cada situação, uma vez que a complexidade da natureza de cada uma torna necessário realizar uma avaliação sob diferentes perspectivas, que não necessariamente seguem uma ordem lógica e racional.

OBJETIVOS

Após a leitura deste capítulo, você terá condições de entender as diferenças, as semelhanças e a complementaridade entre a abordagem sistêmica e o pensamento complexo aplicados a situações que envolvem a maneira como as empresas pensam e agem no desenvolvimento do marketing de seus produtos e saberá que o pensamento complexo leva a um novo modo de ver o mundo, pois as situações são consideradas por vários ângulos e o entendimento decorre do diálogo entre os participantes.

A COMPLEXIDADE

As ciências da complexidade estudam os fenômenos complexos que ocorrem no mundo e afetam cada um de nós e tudo que nos cerca. Dentre as ciências que estudam o tema, podemos citar a teoria do caos, a teoria das estruturas dissipativas e a matemática dos fractais. Não discutiremos aqui cada uma dessas ciências, pois isso ultrapassa o objetivo do capítulo, mas é importante saber que as ciências da complexidade vêm sendo alvo de uma atenção cada vez maior, tanto por parte das empresas como de cientistas, pesquisadores e acadêmicos.

A gestão da complexidade, por sua vez, é a aplicação do pensamento complexo a situações atuais e emergentes que desafiam os gestores, sejam eles de marketing ou de outras áreas. Uma preocupação detectada entre os estudiosos da complexidade é a sustentabilidade de nosso planeta. Hoje, é fácil perceber que muitas decisões tomadas pelas empresas afetam o meio ambiente e que muitas delas podem comprometer as condições de vida futuras.

COMPLEXIDADE NO MARKETING

Todos nós, de um modo ou de outro, temos percebido que o mundo vem mudando constantemente e a uma velocidade crescente, obrigando-nos a nos adaptar sem perda de tempo. Essas mudanças podem ser sentidas no mercado, em nossas relações, em nosso trabalho, em nossa escola, nas pessoas, em quase tudo que nos cerca. A complexidade é cada vez maior, pois envolve muitos fatores, alguns que nem parecem se relacionar entre si, ou que preferimos enxergar como independentes, pois não encontramos um modo de relacioná-los, apesar de intuitivamente sabemos que estão interligados. Os riscos percebidos também tendem a aumentar. Cada vez mais temos a impressão de que viver é arriscado. Andamos nas ruas, a pé, de automóvel, em transporte público, olhando para os lados, preocupados com nossa segurança e a de nossos amigos e familiares.

Tememos ser picados por mosquitos que podem transmitir doenças como a dengue. Assaltos, roubos, violência, ataques terroristas (ainda que não no Brasil), pessoas transtornadas ou envolvidas em vários tipos de vício, balas perdidas, acabam nos levando a priorizar a segurança, e então contratamos serviços especializados, ou erguemos muros cada vez mais altos nas casas e nos prédios, com cercas eletrificadas, alarmes, luzes de presença, criando a sensação de que vivemos em uma prisão dentro de nosso próprio lar ou serviço. Muitos automóveis são blindados. Outros têm vidros escuros que não permitem que seus condutores sejam vistos por quem está na rua. Além disso, quantos de nós, ao deparar com um semáforo vermelho à noite, paramos a uma boa distância e vamos avançando bem lentamente, até o semáforo ficar verde?

Neste mundo em mudança, de quando em quando somos surpreendidos, e surpresas podem ser boas ou más. Em certo sentido, predomina em nossa civilização a visão binária, em que sempre se exclui uma parte da realidade como se ela não existisse. Essa perspectiva tem provocado muitos erros, pois, em diversas situações, não é possível ignorar o *continuum*[1] existente entre dois polos aparentemente antagônicos. Muitos governos absolutistas sufocam qualquer manifestação de ideias que lhes sejam contrárias, não dando condições de que aflorem propostas capazes de melhorar as condições de vida da população. Toda vez que

---

1. *Continuum*: transição gradual entre duas situações sem mudanças abruptas.

criamos uma barreira de separação entre o que consideramos "nosso grupo" e os que "não são do nosso grupo", estamos apenas perpetuando esse pensamento binário.

Por outro lado, os pensadores da complexidade sabem que o pensamento binário é o melhor em determinadas situações. O segredo é saber quando usar cada maneira de pensar. Voltaremos a esse ponto mais à frente, neste capítulo. Sendo esse o contexto vigente, espera-se que a gestão da complexidade tenha condições de diminuir a ilusão, o erro e a incerteza em que vivemos. Mas, desde já, sabemos que não há como eliminá-los totalmente; quando muito, podemos minimizá-los.

De que maneira esses fatos podem mudar o marketing das empresas? Em nossa visão, pode haver várias mudanças porque o comportamento de compra e consumo não é mais o mesmo; hábitos se modificam, bem como valores, visão de mundo e relacionamentos. Quais produtos existirão amanhã? O que surgirá hoje que acabará com muitos negócios aparentemente saudáveis? Nesse ponto, devemos lembrar que os consumidores compram benefícios, e não produtos. Os benefícios são procurados em razão das necessidades e dos desejos dos consumidores. A opção mais conveniente e de menor custo para receber os benefícios será sempre a preferida. Vejamos alguns exemplos recentes dessas mudanças: o aplicativo Waze reduziu o interesse dos investidores em empresas que fabricavam aparelhos de GPS para automóveis. Os smartphones eliminaram, ao menos para o consumidor menos exigente, a necessidade de máquinas fotográficas, gravadores de som, televisores, despertadores, relógios, agendas, e muito mais, diante do rápido desenvolvimento de novos aplicativos. São inimagináveis as novas possibilidades resultantes da combinação dos smartphones com outros aparelhos de alta tecnologia.

> **Nesse ponto, devemos lembrar que os consumidores compram benefícios e não produtos. Os benefícios são procurados em razão das necessidades e dos desejos dos consumidores.**

A busca por segurança leva as pessoas a preferir morar em apartamentos em vez de casas, principalmente nas grandes metrópoles. Tem-se observado que muitos novos lançamentos de edifícios são de unidades com baixa metragem quadrada. Isso leva os consumidores a buscarem móveis multifuncionais e menores, que otimizem os espaços disponíveis. Por outro lado, os edifícios têm oferecido salas para a prática de exercícios físicos, máquinas comunitárias de lavar e secar roupas, além de outros produtos e serviços que possam ser adequadamente compartilhados entre os condôminos e reduzam a necessidade de ter um ou mais eletrodomésticos ocupando espaço no apartamento. Com isso, percebemos que, a cada mudança no contexto cotidiano, surgem novas oportunidades e ameaças para as empresas e que cabe aos líderes buscar uma adaptação rápida de seus produtos ou serviços a essa nova realidade.

FATORES INTERVENIENTES

O termo "complexidade" vem do latim *complexus*, que quer dizer tecido junto.[2] É normal encontrarmos situações na vida que são influenciadas por uma série de fatores ao mesmo tempo. Não é possível, portanto, dizer com certeza qual a exata participação de cada um no resultado encontrado. Em marketing, um exemplo de complexidade é o mix de marketing, ou composto mercadológico (os 4 "pês"), em que não é possível precisar quanto cada um dos "pês" influencia o sucesso ou o fracasso de um produto.

> **É normal encontrarmos situações na vida que são influenciadas por uma série de fatores ao mesmo tempo. Não é possível, portanto, dizer com certeza qual a exata participação de um fator no resultado encontrado.**

Um sucesso de mercado decorre de diversos aspectos; por exemplo, o produto ou serviço em si atende bem às expectativas de seu público-alvo. Porém, se o preço não for adequado, se o produto não for encontrado nos pontos de venda, se não for divulgado corretamente, por melhor que seja, suas chances de sucesso no mercado serão limitadas – tanto que uma maneira de avaliar o potencial de uma oferta é desenhar um mix de marketing e testá-lo com o público-alvo. Caso a empresa queira avaliar a influência de uma variável, pode manter todos os fatores inalterados, exceto por um, e acompanhar o que ocorre.

É de se esperar, contudo, que a maior reação seja à mudança de preço, desde que exista elasticidade nesse fator para o tipo de produto ou serviço. Mas será que o sucesso de um produto é determinado apenas por seu mix de marketing? Na realidade, há muito mais

---

2. MARIOTTI, H. *Pensamento complexo*: suas aplicações à liderança, à aprendizagem e ao desenvolvimento sustentável. 2 ed. São Paulo: Atlas, 2010.

UM CONCORRENTE IMPORTANTE
DE UM PRODUTO OU SERVIÇO
É QUALQUER COISA QUE
POSSA COMPETIR PELOS MESMOS
RECURSOS FINANCEIROS
DO CONSUMIDOR.

fatores influindo no desempenho de um produto no mercado. Dentre eles, o fato de um produto ser melhor que o do concorrente para o que o consumidor busca; ou as condições macroambientais serem favoráveis ao desenvolvimento do produto naquele momento; ou se o posicionamento do produto na mente do consumidor é diferenciado e positivo, e se há fatores intervenientes capazes de favorecer ou prejudicar seu desempenho. Além disso, o consumidor é afetado por diversos fatores, tanto internos como externos, podendo mudar de ideia a qualquer instante.

A época de lançamento do produto também pode afetar seu resultado. Imagine que a empresa lança seu produto no começo do ano, quando a maioria das pessoas está preocupada com os gastos do final do ano anterior e com os que terão com IPVA, IPTU e compra de material escolar, no caso daqueles que estudam ou têm filhos. Se o produto lançado nessa ocasião não for fundamental, provavelmente não terá uma venda expressiva.

Devemos, aqui, lembrar que um concorrente importante de um produto ou serviço é qualquer coisa que possa competir pelos mesmos recursos financeiros do consumidor. Nesse aspecto, um exemplo é a viagem de férias ao exterior, que pode concorrer com uma reforma na casa. Muitas famílias precisarão escolher entre a viagem e a reforma, pois provavelmente não terão condições financeiras de fazer as duas.

Qual é então a melhor maneira de gerenciar o mix de marketing da empresa? Nossa sugestão é que o mix seja discutido com todos os stakeholders que, de um modo ou outro, serão afetados por ele. Quando pensamos em termos de produto, devemos considerar como é fabricado, as matérias-primas que entram em sua composição, como é descartado e até que ponto compromete ou não a sustentabilidade do planeta. Em relação ao preço, três aspectos devem ser considerados: o custo total de fabricação e distribuição, os preços dos concorrentes e quanto o consumidor está disposto a pagar pelo produto ou serviço. O terceiro fator do mix de marketing é a praça, que engloba todos os aspectos logísticos, de distribuição e posicionamento no ponto de venda. O quarto fator é a promoção, e aqui falamos de propaganda e comunicação/divulgação, promoção de vendas, venda pessoal, publicidade, eventos, marketing virtual etc.

UM NOVO MODO DE PENSAR

O pensamento complexo foi criado para buscar reduzir a incerteza, a falta de controle, a imprevisibilidade e a falta de entendimento com relação às situações do dia a dia, sejam elas pessoais, empresariais e do mercado em que atuamos. Mariotti[3] fala do nosso modo básico de pensar e de suas consequências para o indivíduo, a sociedade, a política, as empresas, enfim, todos os envolvidos, e a natureza. Para enfrentar um ambiente cada vez mais complexo, a empresa terá de ampliar o seu conhecimento e se tornar mais adaptável ao meio. Desse princípio surgiu o conceito de sistemas adaptativos complexos, ou *Complex Adaptive Systems* (CAS), que visam aumentar a possibilidade de sobrevivência da empresa no mercado.

No pensamento complexo, não há soluções formatadas para lidar com cada situação, pois, diferentemente de uma receita de bolo, em que todas as etapas da preparação estão previstas e seguem uma lógica linear, cada situação complexa é única, dependente do contexto em que está, muitas vezes sem permitir uma clara percepção do que é causa e do que é efeito, além de ser difícil de ser entendida.

A não linearidade de um sistema pode ser percebida quando ações dentro dele geram respostas desproporcionais a essas ações. Uma pequena ação pode gerar uma grande reação, enquanto uma grande ação pode ter pouco ou nenhum efeito. Um exemplo clássico dessa não linearidade é o efeito borboleta, em que o bater de asas de uma borboleta na América do Sul pode ocasionar uma tempestade de neve em Nova York, ou uma pequena nota postada em uma rede social pode ter repercussões gigantescas. Para lidar com situações complexas devemos perguntar melhor, buscar ângulos diferentes, analisar as situações por múltiplas perspectivas.

> **A não linearidade de um sistema pode ser percebida quando ações dentro dele geram respostas desproporcionais a essas ações.**

Nesse trabalho de observação e pesquisa, os gerentes de marketing devem ter cuidado para não se iludir com resultados que, por exemplo, apontam que um produto terá grande chance de sucesso porque, na média, os consumidores gostaram mais dele do que de outro. Médias não expressam toda a realidade. Esse resultado pode estar

---

3. MARIOTTI, H. Pensamento complexo: suas aplicaçõs à liderança, à aprendizagem e ao desenvolvimento sustentável. 2. ed. São Paulo: Atlas, 2010.

polarizado, ou seja, muitos gostaram e muitos odiaram o produto, enquanto o outro, preterido pela empresa, apresentou uma média de preferência mais baixa, mas sem rejeição nenhuma. Qual terá mais chance de sucesso? Aqui cabe um alerta: em uma pesquisa, avaliar os casos fora da curva (outliers) é importante para se ter um conhecimento mais abrangente do produto. Esse conceito foi abordado por Nassim Nicholas Taleb[4] em *A lógica do cisne negro: o impacto do altamente improvável*.

Um sistema ou uma situação pode ser simples, complicada, complexa ou caótica. Um sistema simples é fácil de ser entendido. Um sistema complicado, mesmo que constituído de muitos elementos, por exemplo, os que entram na fabricação de um automóvel, pode ser trabalhoso, mas o esquema é fixo, ou seja, montando-se as peças de acordo com as instruções o resultado será sempre o mesmo. Em uma situação complexa, o número de inter-relações entre as partes é grande; além disso, somente considerando o resultado é quase impossível saber como as inter-relações ocorreram; por exemplo, em um motim a bordo de um navio, a possibilidade de se obter diferentes explicações para esse resultado é muito elevada.

> **A matriz Cynefin permitia aos executivos ver as situações sob novos prismas, ajudava a assimilar conceitos complexos e a lidar com os problemas e as oportunidades que surgem no dia a dia de qualquer empresa.**

O mesmo ocorre em uma partida de futebol. Nem sempre o melhor time ganha o jogo, pois muitos são os fatores intervenientes afetando o resultado: o melhor jogador do melhor time tem uma indisposição que não lhe permite jogar; o bandeirinha, por ter sua visão encoberta, acaba validando um gol de um atacante que estava impedido; uma chuva torrencial afeta o toque de bola do time mais refinado; o sentimento dos jogadores do melhor time, que acham que ganharam o jogo por antecipação, gera nos adversários um ímpeto adicional para darem tudo de si, e assim por diante. Não fosse por esses aspectos, que tornam impossível prever com certeza o resultado de um jogo, provavelmente o futebol não atrairia tantas multidões.

Um sistema caótico, por sua vez, não consegue sobreviver por muito tempo. Se nada for feito para que a empresa saia do caos, provavelmente esse sistema entrará em falência.

---

4. TALEB, N. N. *A lógica do cisne negro*: o impacto do altamente improvável. 4. ed. Rio de Janeiro: Best Seller, 2010.

O cientista David Snowden desenvolveu em 1990 a matriz Cynefin, que facilitava o entendimento dos quatro contextos: simples, complicado, complexo e caótico. Essa matriz permitia aos executivos ver as situações sob novos prismas, ajudava a assimilar conceitos complexos e a lidar com os problemas e as oportunidades que surgem no dia a dia de qualquer empresa. Segundo Snowden, o uso da matriz Cynefin permitia aos executivos ter uma noção do contexto vigente em cada uma das situações vividas pela empresa, o que possibilitava a tomada de decisões melhores e ainda evitar parte dos problemas decorrentes do estilo gerencial desses executivos.

Veja neste vídeo em inglês a matriz Cynefin:

Voltemos, então, a pensar em um contexto simples em que os problemas que surgem são previsíveis e podem ser resolvidos. Não há necessidade de se pensar muito em uma solução, pois a experiência e a prática já nos ensinaram como solucionar problemas simples. Por exemplo, se a temperatura ambiente cai, o uso de aquecedores ou agasalhos pode resolver a sensação de frio. No caso de se fazer um bolo, se alguém seguir a receita, as chances de sucesso são grandes. Se a pessoa que está em um ponto A quer chegar a um ponto B, basta escolher como se deslocar até lá. Não há necessidade de criatividade para solucionar problemas em um contexto simples, pois as soluções chegam a ser óbvias. As relações de causa e efeito são fáceis de detectar, as soluções são previsíveis, as situações são conhecidas e sua repetição acaba por levar ao estabelecimento de melhores práticas.

Em um contexto complicado, as relações de causa e efeito são repetitivas, mas pode haver várias respostas corretas. Aqui, é importante avaliar alternativas para se buscar uma boa prática.

Em um contexto complicado, as relações de causa e efeito são repetitivas, mas pode haver várias respostas corretas. Aqui, é importante avaliar alternativas para se buscar uma boa prática. Uma situação complicada deve ser analisada racionalmente e respondida. É usual pedir a opinião de diferentes especialistas na busca da melhor solução para um problema complicado. O dado facilitador é o contexto a ser conhecido.

É comum realizar testes e experimentos visando o desenvolvimento de um processo melhor, seja de fabricação, distribuição, operação ou outro. Por exemplo, a fabricação de um automóvel é complicada, mas basta seguir as instruções determinadas pelos especialistas para cada etapa que a montagem será feita sem maiores problemas. Em uma empresa, a contabilidade pode ser uma tarefa complicada, mas seguindo-se as regras contábeis estabelecidas para cada situação, obedecendo-se às leis, usando-se boas práticas e bons programas de tecnologia da informação, ouvindo-se os especialistas, a empresa poderá atender a essa obrigação legal de maneira correta. O fato de ser uma maneira correta não necessariamente assegura que seja a melhor; por esse motivo, é fundamental uma análise profunda das alternativas existentes.

Em uma situação complexa, devido ao grande número de variáveis envolvidas, nem sempre é possível se prever com exatidão o resultado do processo. Os métodos existentes para a solução dos problemas podem não ser adequados ou suficientes. As relações de causa e efeito não são claras, e frequentemente não são percebidas, nem são previsíveis. Há diversas possibilidades a serem avaliadas, e a intuição das pessoas se torna um fator importante para a solução de um problema complexo, já que é impossível quantificar todas as relações existentes entre as variáveis. De certo modo, parte da solução pode vir do que os especialistas de marketing chamam de *feeling*. Situações complexas levam à busca de padrões emergentes e a novas práticas adaptativas. A interação e a comunicação de todos os envolvidos em uma situação complexa são muito importantes para sua resolução. Cada um deve olhar para a situação e buscar uma solução boa para todos. Todas as implicações devem ser consideradas.

A linguagem entre os envolvidos deve permitir a fácil comunicação de ideias. Nesse sentido, deve-se abandonar o jargão dos diferentes especialistas. Quando isso não ocorre é porque nem todos os participantes estão imbuídos da necessidade de buscar a melhor solução. Infelizmente, é isso que mais se vê em nosso mundo real, onde cada um quer o melhor para si de acordo com seus interesses, mesmo que direta ou indiretamente isso possa prejudicar outras pessoas. Além disso, em situações complexas é normal que os especialistas imediatamente envolvidos pensem que são capazes de gerar as melhores soluções, muitas vezes nem se dando ao trabalho de analisar contribuições de especialistas em outras áreas.

Com certa frequência, isso ocorre no departamento de marketing das empresas, onde os especialistas desprezam qualquer ideia não oriunda do seu departamento. A conduta correta seria convidar para o debate pessoas de outras áreas, consumidores e demais stakeholders. Para serem eficientes, workshops de discussão e brainstorming devem ser conduzidos por empresas especializadas independentes. Isso facilita o surgimento de novos padrões e soluções que melhor atendam aos interesses de todos.

A situação caótica, por sua vez, é aquela em que encontramos o grau máximo de complexidade e incerteza. Não há tempo para discutir e encontrar uma melhor prática. Esse é o contexto que exige ação imediata seguida de recuperação. Aqui, o importante é encontrar uma solução que resolva a situação, e não a melhor solução, que poderia levar ao desenvolvimento de novas práticas. Nesse contexto não há respostas certas. O importante é agir para restabelecer a ordem. A comunicação deve ser clara e direta. Situações caóticas levam ao aparecimento de novas lideranças e de soluções criativas. Um exemplo de situação caótica é a resultante de um acidente de automóvel, em que um dos veículos, com uma pessoa dentro, dá sinais de que vai pegar fogo. Nesse caso não é possível chamar especialistas para discutir qual o melhor jeito de abrir a porta e retirar o acidentado. É hora de agir, usar o que se tem à mão e tirar a pessoa do interior do automóvel sem perda de tempo.

O pensamento complexo, no entanto, tenta superar a crença de que não se pode viver com duas ideias aparentemente contraditórias ao mesmo tempo.

Uma vez feito isso, a situação deixa de ser caótica e se torna uma situação complexa. Assim que o acidentado está fora de perigo, é hora de pensar em como o acidente ocorreu e como poderia ter sido evitado. Isso pode levar a novas práticas de prevenção e envolver o fabricante de pneus, o pessoal responsável pela sinalização do local, o treinamento do motorista, e assim por diante. É provável que um acidente gere uma série de melhorias, não passíveis de quantificação individual, apenas no conjunto.

Constantemente vemos situações caóticas no mercado. Há alguns anos, um conhecido fabricante de medicamentos teve uma quantidade de remédios envenenada por um sabotador (ver o caso "Como gerenciar a crise", no final do capítulo). Essa sabotagem levou à morte alguns usuários do produto. O fabricante agiu imediatamente, retirando o produto do mercado e destruindo uma grande quantidade do estoque. Além disso, informou o público por meio da mídia sobre o que havia ocorrido e as medidas que haviam sido tomadas para solucionar o problema.

Essa corajosa e rápida ação e comunicação foram fundamentais para que a marca melhorasse sua reputação e continuasse no mercado, alcançando níveis de venda até melhores do que antes da ocorrência do fato. Isso demonstrou como a empresa se preocupou em agir imediatamente para resolver uma situação caótica de crise. O episódio levou a empresa a desenvolver novas práticas de prevenção contra sabotagens e novas formas de proteção de seus produtos. Muitas delas inclusive acabaram sendo incorporadas por outros fabricantes, o que aumentou a segurança dos consumidores.

POLARIDADE E PARADOXOS

As pessoas têm uma forte tendência para pensar de modo linear, quer dizer, tudo tem começo, meio e fim; as relações de causa e efeito são claras e previsíveis; a repetição das situações leva a um aperfeiçoamento das boas práticas. Além disso, a maioria foi educada a pensar de maneira polarizada, em que uma escolha exclui a oposta. Por exemplo, passar de ano *vs.* não passar de ano. Dia ou noite. Quente ou frio. Muitas situações são resolvidas com sucesso com essas polarizações.

O pensamento complexo, no entanto, tenta superar a crença de que não se pode viver com duas ideias aparentemente contraditórias ao mesmo tempo. Na realidade, os bons líderes devem aprender a gerenciar paradoxos, dilemas e polaridades que surgem constantemente em seus negócios. O conceito de dualidade tem estado presente em nossa sociedade desde seus primórdios. Possivelmente, muitos devem conhecer o conceito de yin e yang, presente na filosofia chinesa, que descreve duas forças opostas e complementares, encontradas em tudo que conhecemos.

Com o intuito de mostrar a dualidade existente em nossas vidas, no dia a dia das empresas em que trabalhamos ou nas rivais, vamos mencionar alguns aspectos inerentes ao conceito de yin e yang, essas forças opostas mas interdependentes. Veja o exemplo do dia e da noite. Só temos a percepção do dia quando conhecemos a noite. Um não pode existir sem o outro. Uma semente de yin está no yang e vice-versa. Um não tem expressão neste plano da realidade sem o outro. No yin existe a essência do yang, e no yang existe a essência do yin, como vemos na imagem a seguir.

Figura 6.1
Yin e Yang

Em marketing, nos deparamos com situações paradoxais que nos obrigam a tomar decisões resultantes do nosso modelo binário de pensar, no qual impera o modo excludente "ou/ou": privilegiamos uma ideia ou a outra. Esse tipo de situação é muito comum, e há incontáveis exemplos, como eficácia *vs.* eficiência, trabalho individual *vs.* em equipe, custo *vs.* qualidade, diversidade *vs.* foco, inspiração *vs.* expiração. Um bom líder, em vez de se decidir por uma ou outra polaridade, deve aprender a gerenciá-las, aceitando que ambas existem, o que é mais evidente no caso da inspiração e da expiração. Se decidirmos que nos sentimos melhor inspirando, uma vez que os pulmões ficam cheios, e por esse motivo resolvermos apenas inspirar, quanto tempo será que levaremos até perceber que precisamos da outra polaridade, ou seja, esvaziar os pulmões, expirar, para continuarmos vivos?

Vejamos com um pouco mais de detalhe alguns dos exemplos citados. Como sabemos, eficácia é fazer uma coisa da melhor forma, alcançando o objetivo almejado. Eficiência é fazer bem uma coisa, de modo correto, embora isso possa exigir mais esforço e nem sempre seja alcançado o objetivo almejado. Um exemplo conhecido dessa polaridade é o time de futebol que joga de modo elegante, eficiente, mas que não necessariamente ganha o jogo. Um time eficaz pode até jogar feio, mas ganha o jogo. A melhor combinação para o técnico é que o time jogue tanto de modo eficiente como eficaz, pois ganhará o jogo, além de satisfazer os torcedores que gostam de ver um futebol bem jogado, motivando-os a assistir a mais jogos, com o que crescerá a receita do clube.

Para gerenciar uma equipe de vendas, o gerente deve fazer cada vendedor agir de modo individual, sempre aperfeiçoando sua argumentação, seus conhecimentos sobre o produto, ao mesmo tempo que é estimulado a alcançar suas metas com um bom plano de incentivos. Por outro lado, os vendedores podem se beneficiar como equipe. Isso ocorre quando um vendedor tem um problema e outro colega, por já ter passado por algo semelhante, propõe uma solução. Também quando uma parte da meta é comum a todos, e se alguém não atinge sua meta individual, os colegas podem ajudá-lo a alcançar a meta do grupo fazendo um esforço para ultrapassar as próprias metas individuais. O bom gerente de vendas deve reagir às situações de mercado, privilegiando em certos momentos o trabalho individual e em outros o trabalho em grupo.

O comportamento do marketing aqui seria averiguar o que o consumidor valoriza em cada produto, quais os benefícios esperados por ele, e concentrar-se nesses benefícios, não fazendo nada que possa comprometê-los.

Outro dilema comum entre dirigentes de marketing envolve a dicotomia custo *vs.* qualidade. Quanto maior a qualidade, provavelmente maior será o custo, e vice-versa. Se o objetivo da empresa é obter o maior lucro possível pelos próximos dez anos reduzindo o custo, provavelmente obterá lucros maiores por algum tempo, mas dificilmente por longo tempo, pois muitos consumidores deixarão de comprar o produto à medida que for perdendo qualidade.

O comportamento do marketing aqui seria averiguar o que o consumidor valoriza em cada produto, quais os benefícios esperados por ele, e concentrar-se nesses benefícios, não fazendo nada que possa comprometê-los. Vale o mesmo quanto aos aspectos menos valorizados pelos consumidores: uma eventual redução de qualidade em relação a eles não seria detectada ou não teria influência no comportamento de compra.

Um problema muitas vezes encontrado no desenvolvimento de conceitos de comunicação com vistas à produção de peças publicitárias e de propaganda, principalmente devido ao pensamento linear prevalecente, é o risco de se descartar um bom conceito ou um bom slogan só porque foi proposto descontextualizadamente. Devemos lembrar que a mente humana vê as coisas de modo integral. Mesmo que depois possa se concentrar nos detalhes, é a impressão do todo que fica gravada na mente. Uma maneira de se evitar esse problema é testar o slogan ou o texto de comunicação junto com a imagem que lhe serve de pano de fundo. Essa prática consegue mesmo evitar que um slogan de baixa qualidade seja aceito devido à beleza do contexto.

Como pudemos ver pelos exemplos apresentados, encontramos em nosso dia a dia problemas para resolver e polaridades para gerenciar. Devemos, portanto, estar atentos para perceber quando é o caso de usar uma ou outra abordagem. Para que isso fique mais claro, devemos pensar nas implicações e nas consequências de cada decisão que tomamos. Sugerimos que isso seja feito, de preferência, por uma equipe heterogênea, formada por representantes de diversos setores, inclusive com a participação de representantes dos fornecedores ou clientes, pois sabemos que a decisão de um departamento afeta não apenas o departamento, mas o sistema como um todo.

A ABORDAGEM SISTÊMICA

A teoria dos sistemas adveio da percepção dos cientistas de que certos princípios e conclusões eram válidos e aplicáveis a diferentes ramos da ciência. O pensamento complexo não elimina a abordagem sistêmica. Na verdade, eles são complementares. Sistema é um grupo de elementos com suas atribuições, o inter-relacionamento entre eles e os limites que permitem distinguir quais atributos fazem parte do sistema e quais são externos a ele. Além disso, um sistema é um todo organizado ou complexo; uma combinação de coisas ou partes que formam uma unidade.

A abordagem sistêmica prega que um organismo responde a um estímulo de modo integral e que algo que afete uma parte do sistema acaba por afetar o sistema inteiro.

Um sistema pode ser composto de uma série de subsistemas, e estes podem ser subdivididos em sistemas ainda menores. Uma empresa, por exemplo, é um sistema que faz parte de um ou mais sistemas maiores. O departamento de marketing de uma empresa é um sistema que faz parte de um sistema maior, que é a empresa, e ele mesmo é constituído por diversos subsistemas, e assim por diante.

A empresa, por sua vez, está inserida em um ou mais sistemas, como o mercado, o país, o globo terrestre, o sistema político vigente, o sistema de cobrança de impostos etc. E cada sistema atua e é influenciado por vários sistemas ao mesmo tempo, dificultando o entendimento e a percepção de todas as implicações de tal complexidade.

Sistema interligado

A abordagem sistêmica prega que um organismo responde a um estímulo de modo integral e que algo que afete uma parte do sistema acaba afetando o sistema inteiro. Tudo está interligado. Nesse sentido, o pensamento complexo está de acordo com a abordagem sistêmica, pois ambos veem o mundo como um sistema interligado.

Há uma semelhança na maneira como organismos, sejam pessoas, animais ou empresas, reagem aos estímulos do meio. Ludwig von Bertalanffy,[5] biólogo húngaro, apresentou orientações teóricas e metodológicas baseadas no pensamento sistêmico de modo que pudessem ser aplicadas às ciências físicas, biológicas e sociais, uma vez que os princípios subjacentes eram semelhantes. Quer dizer, todo sistema trabalha com recursos, os quais são transformados e fornecidos para o próximo elo de um sistema maior, sendo que parte do que é transformado volta como informação (feedback) para ajustar o funcionamento do sistema. Uma empresa, por exemplo, capta recursos do meio ambiente, transforma-os e os entrega para os consumidores por meio de canais de distribuição. É fácil perceber o grande número de sistemas envolvidos nessa transação.

Todo sistema tende à perda de organização, à desintegração, ao aumento da aleatoriedade e à deterioração – o que chamamos de entropia.

O entendimento de como um sistema empresarial funciona, com suas entradas (energia, matérias-primas, pessoas, informação etc.), transformações, saídas, relacionamentos entre as partes e ciclos de resposta, ajuda na construção de um modelo que facilita aos tomadores de decisão identificar em que partes do processo há necessidade de ajustes. Para que um sistema organizacional continue vivo, por exemplo, ele deve transformar suas entradas em saídas que adicionem valor para si e para o meio. Outro aspecto importante em um sistema é o objetivo a que se propõe. Sem um objetivo claro, não há como definir um processo adequado para chegar a ele.

---

5. In: CHIAVENATO, I. *Introdução à Teoria Geral da Administração*. Rio de Janeiro: Elsevier, 2004. p. 474.

Entropia e homeostase

Todo sistema tende à perda de organização, à desintegração, ao aumento da aleatoriedade e à deterioração – o que chamamos de entropia. Para impedir a entropia, a empresa procura manter uma relação constante de troca de energia com o ambiente. Além disso, para evitar que a força entrópica destrua um sistema, é necessário que este se adapte interna e externamente ao meio em que subsiste. Se um sistema não troca energia, informação, materiais etc. com os sistemas que o constituem ou dos quais faz parte, há uma forte chance de que não sobreviva.

Por outro lado, um sistema busca equilibrar-se visando à sua sobrevivência. Nesse caso, o sistema atua como um todo para compensar uma eventual falha em alguma de suas partes. Essa necessidade de adaptação ou reação obriga o sistema a responder de maneira uma a qualquer estímulo externo. Essa tentativa de equilíbrio é denominada homeostase. Homeostase é o equilíbrio dinâmico obtido por meio da autorregulação. Um exemplo é o nosso corpo quando atacado por um vírus. O corpo aumenta a temperatura (febre), pois o conhecimento acumulado durante milhares de anos pela espécie humana e transmitida pelos genes aos descendentes, independentemente da vontade dos seres em questão, faz com que o corpo saiba que, elevando sua temperatura, poderá eliminar os invasores.

No entanto, existe um limite de até onde um organismo consegue se equilibrar e compensar a parte ou o sistema que estiver apresentando falhas. Caso essa falha não seja sanada, poderá causar o esgotamento de outras partes que estão trabalhando acima de sua capacidade; consequentemente, essas também entram em colapso. Quando isso ocorre, se não houver um choque externo, o organismo tem grandes chances de não sobreviver. No caso em questão, o choque externo pode ocorrer com um medicamento adequado.

Essa situação se dá também em empresas, nas quais, por exemplo, uma deficiência no sistema de transportes pode ser minimizada por descontos concedidos pela área comercial. Porém, esse problema deve ser sanado rapidamente, pois os recursos da área comercial são finitos e, quando mal utilizados, caracterizam um grande desperdício. Com o tempo, os clientes podem não mais aceitar descontos compensatórios pelas falhas de distribuição, e em vez disso buscar novos fornecedores. Se isso ocorrer com todos os clientes, o que é bem possível, a empresa deixará de existir, ao menos nesse modelo de negócio.

Simplificação e causa-raiz

Sistemas que sobrevivem às turbulências ambientais e à crescente complexidade do mercado tendem a se tornar mais complexos, mesmo que a tendência dos executivos que se defrontam com tal situação seja a de tentar simplificar os processos e a maneira como a empresa atua no mercado. Essa tentativa de simplificação pode criar o risco de que variáveis importantes para a empresa não sejam consideradas no seu gerenciamento, causando perda de oportunidades e, o que é pior, motivando decisões baseadas na crença de que todos os problemas podem ser resolvidos de modo simplista.

Um exemplo disso é crer que os vendedores de uma empresa terão maior sucesso se receberem um salário maior e gratificações por metas alcançadas, ou seja, pelo volume de vendas realizado, quando um aumento de salário ou a concessão de gratificações pode não ser a melhor solução para a obtenção de melhores resultados, mas sim maior dedicação de todos os setores envolvidos com os clientes. A promessa de gratificação por metas alcançadas pode até mesmo frustrar os vendedores, pois muitas vezes a venda de um produto não depende apenas deles, mas também de outros setores, como o financeiro ou o de desenvolvimento de produtos. E a falta de alinhamento com as estratégias de vendas desses departamentos acaba impedindo que os vendedores recebam suas gratificações, deixando-os mais frustrados ainda. Em linhas gerais, não se deve procurar sanar um problema sem se conhecer e resolver sua causa-raiz. O mesmo se pode dizer em relação ao composto mercadológico de uma empresa. Caso o problema esteja no conceito do produto, aumentar o investimento em propaganda não ajudará muito, assim como alterar o preço.

Um exemplo de falha na execução de um conceito vencedor ocorreu há alguns anos, quando uma conhecida empresa fabricante de xampus lançou um produto neutro. Na pesquisa realizada, constatou-se que as consumidoras gostaram muito da ideia de um xampu neutro. Ao executar a ideia, a empresa decidiu lançar um produto neutro transparente e um neutro cremoso. O fato de haver dois produtos com aparência diferente, oferecendo o mesmo conceito de neutralidade, acabou gerando ruído na mente dos consumidores. Aqui é evidente que o teste de aceitação do conceito deveria ter sido feito com os dois tipos de produto. Certamente, qualquer incongruência entre conceito e produto teria sido detectada.

Outro ponto fundamental decorrente da característica sistêmica das empresas é que qualquer intervenção em um sistema pode gerar implicações de primeira, segunda e terceira ordens. O bom líder deve perceber as consequências de uma decisão, tanto imediatas como de longo prazo, em um setor da empresa, bem como as repercussões sobre a empresa toda. Na dúvida, antes de tomar uma decisão importante, o líder deve procurar ouvir a opinião dos envolvidos e dos que provavelmente serão afetados pela decisão, não na busca de consenso, mas para ter maior entendimento da situação. Ouvir diferentes pontos de vista é o primeiro passo para lidar melhor com a complexidade crescente dos sistemas dos quais a empresa participa.

ESTUDO DE CASO

"Como gerenciar a crise"

REVISTA *EXAME*

São duas e meia da manhã. Você é acordado pelo chefe de segurança de sua empresa. Uma caldeira explodiu. Cinco mortos e dois feridos. A imprensa já está na porta da fábrica. Você está preparado para enfrentar a opinião pública e os repórteres? Um problema, por mais grave que seja, enquanto é interno à organização é apenas um problema. Quando atravessa os portões e escandaliza, quando chega à imprensa e ao público, torna-se uma crise. Uma crise não necessita de um fato. Pode se iniciar com um boato. No primeiro estágio da crise, acontece a simplificação do boato. Uma grande história é resumida. No segundo estágio, ocorre o exagero. Os detalhes mais agudos são aumentados e a história ganha em dramaticidade. No terceiro estágio, a opinião pública interpreta o boato de acordo com sua visão de mundo, com seus valores. Nesse momento, se não se gerenciou a crise os efeitos podem ser devastadores. Lembra-se do caso da suposta cocaína nas balas Van Melle? E de Waldemar, você se lembra? O primo do cunhado do vizinho de meu amigo, que caiu e se dissolveu num tanque da Coca-Cola? E das minhocas usadas para adicionar valor proteico aos Big Macs? E da empresa do diabo? Sim, todo mundo sabe que ele dirige e imprime sua marca pessoal nos produtos da Procter & Gamble. Esses são apenas alguns dos milhares de exemplos possíveis de como um rumor alcança a proporção de uma crise. Normalmente, não estamos preparados para gerenciar a crise, pois nunca acreditamos que uma situação dessas irá nos atingir. Você tem um plano para gerenciamento de crise desenhado para sua empresa?

Caso Tylenol: modelo de gerenciamento de crise

Em 28 de setembro de 1982, a Johnson & Johnson possuía 35% do mercado de analgésicos nos Estados Unidos, com vendas anuais de 400 milhões de dólares. Entre 29 de setembro e 1º de outubro daquele mesmo ano, sete pessoas morreram envenenadas após ingerir Tylenol contaminado com cianeto. As vendas do remédio caíram de 33 milhões de dólares para 4 milhões de dólares por mês. A J&J agiu com prontidão: 22 milhões de frascos do medicamento foram retirados do mercado e destruídos, a um custo de 100 milhões de dólares. Um sistema de comunicações foi montado para informar os diversos públicos interessados. A empresa recebeu por volta de 2.500 solicitações de informações da imprensa, o que resultou em cerca de 125.000 recortes de notícias na mídia ao redor do mundo. Uma nova embalagem para o produto, inviolável, foi lançada. Um acordo, cujo valor jamais veio a público, foi feito com as famílias das sete vítimas. Outros 100 milhões de dólares foram gastos com a parte fiscal da devolução dos medicamentos. No total, estima-se que o caso Tylenol custou à J&J, até hoje, cerca de 1,5 bilhão de dólares. Mas poderia ser ainda pior: poderia ter derrubado completamente a empresa. O eficiente trabalho de comunicação e gerenciamento de crise no caso Tylenol serviu de modelo para a criação de programas de gerenciamento de crise em empresas de todos os setores em todo o mundo.

CRISE EM VARGINHA, REFLEXOS EM WALL STREET

Na era digital, a comunicação é instantânea e mundial. Um problema numa fábrica de defensivos agrícolas na Islândia pode repercutir nas vendas desse produto no Brasil e vice-versa. Quem de nós não leu sobre o fiasco nos testes do Classe A da Mercedes-Benz em seu lançamento mundial? O capotamento, pela suposta instabilidade do modelo, ocorreu na Europa. Mas o caso repercutiu também no Brasil, onde o carro hoje é fabricado e vendido. A Internet veio acelerar as coisas. Se você é internauta, deve ter recebido de "amigos", há alguns meses, uns 745 e-mails avisando para não consumir mais um adoçante artificial porque dá câncer. Essa mensagem veio de uma pesquisa com ratos de laboratório nos Estados Unidos. Será que procede? Não importa. Gerou dúvidas em muita gente. Atingiu o produto. Outro efeito da globalização e da comunicação da era digital é uma uniformização dos padrões éticos e das expectativas e direitos dos consumidores. Não dá mais para a empresa ter um "modo tropical" de atuar em países subdesenvolvidos. As práticas éticas e de respeito ao consumidor de uma empresa nos países desenvolvidos têm de ser aplicadas no resto do mundo. Além dos diversos órgãos de defesa do consumidor, as milhares de ONGs em contato com seus parceiros no exterior auxiliam na fiscalização dessas práticas. Um acidente ou uma prática não ética na filial de Varginha pode, e seguramente vai, se não for bem administrada, causar danos aos acionistas em Wall Street. O acionista não mais tolera amadorismo no gerenciamento de crise. E, se normalmente acionista se aborrece com perder dinheiro, não parece se aborrecer tanto assim com fazer cabeças rolarem. A sua estaria na linha da navalha num caso como esses?

O BOM MARKETING DE HOJE PODE AJUDAR NA CRISE DE AMANHÃ

Um exemplo de habilidade para gerenciar crise foi dado pela TAM no episódio da queda do Fokker-100 em Congonhas. Poucas horas após o acidente, a empresa já tinha uma sala em um hotel próximo ao aeroporto preparada para receber as famílias das vítimas e a imprensa. Ainda que visivelmente nervosos, os porta-vozes da TAM conseguiram se comunicar bem e dar satisfação à opinião pública. Mesmo com as famílias das vítimas ainda hoje reclamando o não pagamento pela empresa de indenizações que julgam justas, a TAM continua crescendo. Nesse caso o seu agressivo marketing, que sempre vendeu a imagem de bom moço do comandante Rolim, ajudou um bocado. As pessoas admiram a aura de sucesso da empresa. Esse sentimento ajuda muito nessas horas. Será que os usuários da Telefônica ou da Telemar estariam prontos a perdoá-las numa crise de iguais proporções?

Fonte: <http://exame.abril.com.br/revista-exame/edicoes/706/noticias/como-gerenciar-a-crise-m0048464>.

VAMOS TESTAR SEUS CONHECIMENTOS?

1 O mundo vem mudando cada vez mais rapidamente, em virtude da globalização, do aumento da rivalidade entre as empresas, por causa de aspectos relacionados ao comportamento de compra e consumo dos consumidores, devido a mudanças no macroambiente, e assim por diante. Como as empresas podem se preparar melhor para enfrentar tais mudanças?

2 Descreva uma situação na qual exista uma polaridade evidente. Como você poderia gerenciar essa polaridade a fim de obter um bom resultado?

3 No caso "Como gerenciar a crise", apresentado anteriormente, a ação da empresa J&J pode ser considerada adequada em relação à teoria apresentada neste capítulo para lidar com situações caóticas?

4 Explique as relações de causa-efeito em situações/contextos simples, complicados, complexos e caóticos. Como deve ser a comunicação em situações caóticas? Por quê?

5 *Todo sistema é eterno.* A afirmação acima está de acordo com a abordagem sistêmica? Por quê?

7

Abordagem contingencial no marketing

APRESENTAÇÃO

Em mercados em constante mudança, é normal que surjam novas situações para as quais as empresas não têm um plano de contingência preparado. Para enfrentá-las, as organizações devem ter estruturas flexíveis, descentralizadas, com grande autonomia administrativa, nas quais seja fácil a comunicação tanto vertical como lateralmente.

Uma vez que as condições ambientais de mercado sempre mudam, ações administrativas e mercadológicas já praticadas podem não obter agora o mesmo resultado que no passado.

OBJETIVOS
· · · · · · · · · · · · · · · · · ·

Após a leitura deste capítulo, você terá condições de entender como é importante que as empresas se preparem para enfrentar as contingências de mercado, bem como entender que certas estruturas organizacionais são mais adequadas para isso; saber que promoções e outras ações de marketing, que funcionaram bem em uma região ou em uma certa época, podem não obter os mesmos resultados em outro tempo ou espaço.

ABORDAGEM CONTINGENCIAL E A ORGANIZAÇÃO

Contingência é algo que pode ou não ocorrer; é uma eventualidade. Em um mercado em constante mudança, o que mais se pode esperar é que surjam contingências de todos os tipos. A fim de enfrentá-las, a organização deve ser rápida em sua reação para se adaptar à nova realidade. Para tanto, deve ter um desenho orgânico, caracterizado por uma estrutura organizacional flexível e com pouca divisão do trabalho, em que a decisão é descentralizada e tomada mais próximo da ação; a autonomia administrativa é grande; a interação ocorre tanto lateral como verticalmente, com uma comunicação informal de alta confiabilidade, além de grande capacidade de processar informações. Uma organização orgânica, em razão de sua maior flexibilidade, tem maior facilidade em lidar com situações complexas ou únicas.

Em contrapartida, as organizações mecanicistas são as menos preparadas para reagir às contingências do mercado, pois suas estruturas são burocratizadas e baseadas na divisão do trabalho; os cargos são ocupados por especialistas; a hierarquia tende a ser rígida e as decisões, centralizadas; há grande ênfase em regras e procedimentos formais; o sistema de controle é rígido; predominam as interações verticais; e a capacidade de processar informações é limitada. Trata-se de um desenho estrutural adequado à eficiência da produção, deixando pouco espaço para a criatividade e a inovação. As organizações mecanicistas tendem a ser muito departamentalizadas, com vários níveis de comando em estruturas distantes e impessoais.[1]

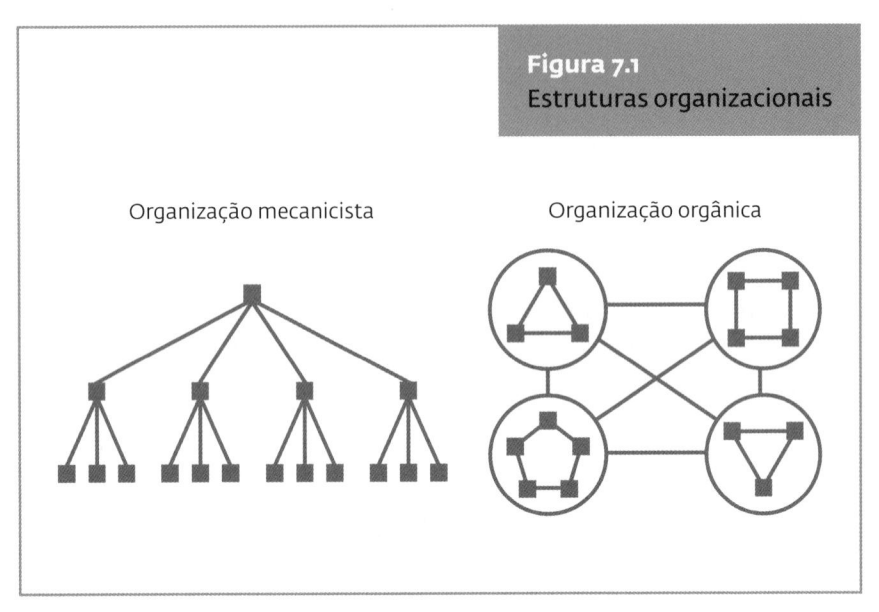

Figura 7.1
Estruturas organizacionais

Organização mecanicista

Organização orgânica

Fonte: ROBBINS, 2005, p. 178.

Acima vemos a representação esquemática de uma organização mecanicista e de uma organização orgânica, e é possível perceber que a estrutura orgânica é menos rígida, descentralizada, com uma rede de comunicação vertical e lateral entre os setores. Isso não ocorre em uma organização mecanicista, em que imperam a rigidez, a centralização, a comunicação vertical, a hierarquia fixa, o poder de decisão concentrado no comando e o controle rígido.

Empresas precavidas incluem em seu planejamento as possíveis contingências pelas quais poderão passar; se preparam para alguns cenários adicionais, prevendo os tipos de ação a tomar caso essas condições ocorram. Assim, não são pegas de surpresa, tendo de reagir quando, muitas vezes, não há tempo para isso.

As empresas devem ouvir todos: empregados, gerentes, fornecedores, clientes, consumidores, governo, bancos, órgãos regulatórios

---

1. ROBBINS, S. P. *Administração*: mudanças e perspectivas. São Paulo: Saraiva, 2005.

e demais stakeholders, para tentar detectar o que pode ocorrer no mercado em curto, médio e longo prazo. Com essas informações, podem fazer projeções que ajudarão na preparação para lidar com futuras contingências.

Ainda assim, há contingências imprevisíveis, para as quais normalmente nenhuma empresa está preparada. Nessas situações, a estrutura orgânica é mais habilitada a enfrentar os choques. Em geral, quando surgem essas contingências inesperadas, instala-se uma situação caótica ou de crise. Nesses casos, deve-se aplicar o pensamento complexo.

DE ONDE VÊM AS CONTINGÊNCIAS

As contingências que afetam o mercado decorrem de mudanças ambientais, de forças da indústria e da instabilidade do consumidor. No caso do macroambiente, ou ambiente geral, as mudanças podem ser decorrentes de alteração nas condições políticas (decisões do governo em diversos níveis), econômicas (no seu contexto geral e no particular, de certo setor ou região), legais (leis e normas que tanto podem incentivar como restringir algumas práticas empresarias e sociais, por exemplo, a restrição ao fumo em ambientes fechados), tecnológicas (novas descobertas, advento de tecnologias inéditas), socioculturais (tradições culturais, familiares, atitudes, idiossincrasias etc.), demográficas (faixa etária, migrações geográficas, crescimento da população, distribuição de gêneros, raças etc.), ecológicas e naturais (mudanças climáticas, falta ou excesso de chuvas, esgotamento de fontes não renováveis, catástrofes como terremotos, maremotos, furacões etc.).

As empresas não têm controle sobre essas condições, porém podem influenciar algumas delas, pois, como vimos anteriormente, em sistemas complexos, por exemplo, muitas decisões tomadas pelas empresas afetam o meio ambiente e comprometem as condições de vida no futuro. Devemos nos lembrar da não linearidade de muitos processos, ou seja, quando não há uma clara associação entre causa e efeito. Isso pode dar a falsa impressão de que certas atitudes podem ser tomadas sem provocar nenhuma consequência, quando, na verdade, está havendo um efeito cumulativo que irá se manifestar em algum momento e com consequências desproporcionais aos estímulos recebidos. A redução das geleiras nos polos, de acordo com especialistas, é causada pelo aquecimento global que, por sua vez, pode decorrer da

AS CONTINGÊNCIAS QUE AFETAM O MERCADO DECORREM DE MUDANÇAS AMBIENTAIS, DE INDÚSTRIA E DA INSTABILIDADE DO CONSUMIDOR.
AS EMPRESAS NÃO TÊM CONTROLE SOBRE ESSAS CONDIÇÕES, PORÉM PODEM INFLUENCIAR ALGUMAS DELAS.

somatória de agressões de várias naturezas geradas pela indústria, pelas queimadas que reduzem as áreas de mata nativa, pelo gás estufa, por emissões oriundas da queima de combustíveis pelos automóveis e assim por diante. A ação de uma empresa pode repercutir no ambiente como um todo, e isso é mais evidente quando ela detém grande poder econômico e possui operações instaladas em todo o território nacional e até em outras partes do mundo. Aqui podemos dar como exemplo a Petrobras, empresa que reduziu seus investimentos entre 2014 e 2015, afetando o macroambiente econômico de muitas cidades que tinham alta dependência desses investimentos.

Outra fonte de contingências é o microambiente externo ou, como alguns autores o denominam, o ambiente-tarefa.[2] O ambiente-tarefa é formado pelos concorrentes, fornecedores, clientes, consumidores e órgãos regulatórios. Tanto as mudanças de condições do ambiente geral como as do ambiente-tarefa são fontes de ameaças e oportunidades para as empresas.

Outro fator que afeta as empresas no que tange à sua maneira de se organizar e atuar no mercado é a homogeneidade ou a heterogeneidade de seus fornecedores, clientes e concorrentes. Quando mais homogêneos forem, mais simples pode ser a estrutura da empresa para lidar com eles. Vale o mesmo quando os clientes são homogêneos e pouco segmentados. Nessa linha de pensamento, podemos incluir os concorrentes quando atuam de modo semelhante.

O grau de estabilidade do ambiente em que a empresa atua também influencia sua forma de se estruturar. Apesar de todos os ambientes sofrerem mudanças, alguns são mais turbulentos, instáveis e incertos. Para esses, quanto mais orgânica for a estrutura empresarial, maior será sua capacidade de se adaptar a mudanças ambientais. A situação mais difícil de ser enfrentada por uma empresa é a de um ambiente muito instável com concorrentes, fornecedores e clientes altamente heterogêneos. O inverso também é verdadeiro: em um ambiente estável com grande homogeneidade entre concorrentes, fornecedores e clientes, basta à empresa ter uma estrutura menor para atuar.

---

2. CHIAVENATO, I. *Introdução à Teoria Geral da Administração*. Rio de Janeiro: Elsevier, 2004. p. 557.

MARKETING E CONTINGÊNCIAS

É importante que todos saibam que não existe apenas uma única estratégia de marketing que leve uma empresa a alcançar seus objetivos. Estratégias diferentes podem ser muito eficientes, principalmente quando o objetivo da organização não é especificado de modo único e limitado. Por exemplo, se a meta é um aumento expressivo nas vendas de determinado produto, isso pode ser alcançado de várias maneiras, entre as quais o aumento da distribuição, extensão do produto para áreas em que atualmente não é comercializado, mudança de posicionamento de mercado, maior investimento em trade marketing, maior incentivo para a equipe de vendas e assim por diante.

Uma empresa pode usar uma estratégia ou uma combinação de estratégias e/ou ações a fim de alcançar os objetivos mercadológicos estabelecidos em seu planejamento estratégico.

Uma empresa, portanto, pode usar uma estratégia ou uma combinação de estratégias e/ou ações a fim de alcançar os objetivos estabelecidos em seu planejamento estratégico. Vale ressaltar que, nesse sentido, o envolvimento da alta administração é de fundamental importância no processo de aprovação das novas diretrizes, em caso de mudanças.

Em empresas extremamente conservadoras, em que a administração é resistente a mudanças, a chance de sucesso no caso de alguma contingência de mercado é reduzida, pois não há abertura para a criatividade e a inovação, elementos importantes que poderiam auxiliar a organização a superar desafios emergentes.

RELATIVIDADE DAS ESTRATÉGIAS

Por que uma estratégia que funcionou bem em determinada época não funcionou em outra? Por que uma ação de marketing obteve sucesso em um mercado e não em outro? A resposta é simples: porque as situações eram diferentes. Tudo muda no mundo. Nenhuma situação é igual a outra (mas pode ser semelhante). E, em condições diferentes, as respostas do mercado são diferentes. O consumidor não é o mesmo pela manhã e à noite. Imaginem, então, após alguns meses ou anos, ou em diferentes regiões.

O ser humano normal reage às influências ambientais existentes em um determinado momento. O seu comportamento varia, tanto por influências externas, sejam elas do macroambiente ou do microambiente, como devido à ação do mix de marketing e das forças da indústria. Aspectos internos (físicos, mentais e emocionais) do indivíduo também têm grande influência em suas atitudes. Isso tudo configura um ambiente de alta complexidade que, para ser trabalhado, exige constante monitoramento e ações rápidas.

Assim se demonstra que não existe um modelo administrativo ideal que sirva para qualquer mercado e situação. Para enfrentar as mudanças que ocorrem no mercado, não basta mudar as estratégias mercadológicas; é necessário, muitas vezes, mudar a estrutura organizacional. Além do mais, não basta fazer um bom planejamento se não há pessoas capazes de executá-lo. Por esse motivo é que dizemos que a estrutura orgânica é melhor e mais facilmente adaptável ao mercado do que a estrutura mecanicista.

Por que uma ação de marketing obteve sucesso em um mercado e não em outro? A resposta é simples: porque as situações eram diferentes.

Diante do que expusemos, fica claro que previsões feitas para períodos longos têm grande probabilidade de não se concretizar. Para compensar essas falhas nas estimativas é preciso um bom plano contingencial que proteja a saúde financeira da empresa.

"Deu pane no sistema da Allianz no Brasil"

Revista *Exame*

São Paulo – As grandes empresas têm planos de contingência para lidar com crises. Quando acontece um desastre de avião, as companhias aéreas passam a trabalhar no modo catástrofe: disponibilizam uma linha telefônica gratuita para acesso a informações, colocam psicólogos em contato com a família das vítimas e a direção fica à disposição das autoridades para prestar esclarecimentos.

Algumas montadoras têm contratos emergenciais com empresas de logística para garantir o transporte de peças para suas fábricas se houver interrupções nas rotas tradicionais.

O Google chega ao extremo de manter um plano de segurança caso sua sede, na Califórnia, seja invadida por alienígenas: um grupo de 250 funcionários, de diferentes países, podem acionar um sistema paralelo e manter o site no ar (é claro que isso também serve caso haja algum problema mais mundano nos computadores centrais da empresa, como terremotos).

As empresas se preparam para todo tipo de crise. Mas a subsidiária brasileira da Allianz, terceira maior seguradora do mundo, não estava preparada para a crise que a abateu no início do ano. O que era para ser uma mudança complexa, mas previsível – a troca de seu sistema de tecnologia, planejada desde 2011 –, se transformou num baita problema, responsável por reduzir o faturamento da empresa em, no mínimo, 20%. O número real ainda não foi calculado, mas pode ser maior.

O que aconteceu? Entre janeiro e fevereiro deste ano, quando o novo sistema entrou no ar, dez corretores de seguros ouvidos por EXAME disseram ter passado dias sem conseguir emitir apólices para seus clientes. Eles preenchiam as propostas, mandavam para a Allianz, mas a empresa não concluía o processo.

A consequência é que esses clientes não eram reconhecidos pela Allianz. Ou seja, se tivessem algum problema e precisassem usar o seguro – por exemplo, se batessem o carro e telefonassem para a seguradora para pedir um guincho –, receberiam a informação de que não tinham direito a nada.

Alguns funcionários de empresas que contrataram planos de saúde com a Allianz estão até hoje sem o número da apólice e a carteirinha. Assim, não conseguem marcar consultas nem fazer exames.

É o caso dos clientes da corretora paulistana Raissa Zavisch. "Toda vez que ligo para tentar resolver a situação, a resposta é a mesma: 'A culpa é do novo sistema, senhora'. Nunca vi algo parecido no mercado", diz ela. Sem conseguir computar corretamente todas as apólices vendidas, a companhia também atrasou o pagamento de comissões a alguns corretores.

Depois da pressão do sindicato de São Paulo, passou a pagar com base na média das vendas que eles fecharam antes da implantação do novo sistema. Mas nem todos receberam (Raissa diz que continua no vermelho).

Sem um presidente formal no Brasil desde o fim de outubro – o espanhol Miguel Pérez Jaime foi nomeado para o cargo, mas ainda não foi aprovado pela Susep, entidade que regula o setor, nem tem visto para trabalhar no Brasil –, a Allianz disse a EXAME que as falhas eram esperadas.

Também informou ter destacado uma equipe para resolver as dificuldades dos clientes e que, apesar de ter atrasado, pagou as indenizações aos segurados e as comissões aos corretores e também emitiu as apólices que foram contratadas nos últimos dois meses. A companhia diz que ainda estão ocorrendo falhas pontuais, mas afirma que a operação estará totalmente normalizada até o fim de março.

Há, no entanto, uma dificuldade adicional. Ainda que a nova tecnologia passe a funcionar em menos de um mês, é possível que os problemas do início do ano gerem consequências de longo prazo para a empresa. A própria Allianz estima que de 10% a 15% de seus 14.000 corretores tenham deixado de vender seguros por medo de enfrentar novas falhas.

"Como a empresa precisa renovar sua carteira todo ano, porque as apólices vencem, uma força menor de vendas pode prejudicar os resultados", diz um executivo da Allianz que pediu para não ser identificado.

A companhia acredita que tenha perdido de 20% a 25% de suas receitas de janeiro e fevereiro em razão das falhas tecnológicas, ou cerca de 100 milhões de reais, 2,5% de seu faturamento em 2013. Mas profissionais do sindicato dos corretores de São Paulo, onde estão aproximadamente 40% dos clientes e a maioria dos corretores da Allianz, estimam que as perdas chegaram a 400 milhões de reais.

A Allianz decidiu trocar seu sistema de tecnologia porque o anterior era pouco eficiente e diferente das plataformas da empresa em outros países. Até o fim do ano passado, a empresa trabalhava com sete sistemas no Brasil: cada um processava as apólices de um ramo de seguro, de planos de saúde a apólices de veículos.

O plano, agora, é ter um cadastro central com todas as informações dos clientes e um sistema mais ágil que ajude os corretores a vender. Além disso, produtos de outros países poderão ser vendidos aqui. Se funcionar, a companhia colocará fim a um período conturbado no Brasil.

Mesmo antes da confusão tecnológica, a Allianz teve oito planos de saúde, com quase 80.000 clientes, suspensos pela Agência Nacional de Saúde Suplementar por problemas no atendimento. Em 2013, seu lucro caiu 32%, para 82 milhões de reais.

Entre alguns funcionários, o novo presidente, Miguel Jaime, está sendo chamado de "arcanjo Miguel" – a esperança é que ele consiga colocar a seguradora nos eixos até o fim do ano. O executivo foi diretor da Allianz na Espanha e acompanhou a implementação do tal sistema de tecnologia lá. Hoje, a operação espanhola é uma das mais eficientes do grupo. Se ele conseguir acabar com a crise que acontece no Brasil, já estará no lucro.

Fonte: <http://exame.abril.com.br/revista-exame/edicoes/1061/noticias/deu-pane-no-sistema>.

VAMOS TESTAR SEUS CONHECIMENTOS?

1 Os objetivos de uma empresa devem ser SMART, ou seja, específicos (S), mensuráveis (M), alcançáveis (A), realistas (R) e realizáveis no tempo estabelecido (T). Até que ponto objetivos SMART são adequados para empresas que atuam em mercados complexos e em constante mudança?

2 Em administração não há uma teoria que sirva para todas as situações. O mesmo ocorre no marketing? Por quê?

3 Por qual motivo uma estrutura organizacional orgânica é mais adequada do que uma estrutura organizacional mecanicista para enfrentar as mudanças cada vez mais frequentes no mercado?

4 No caso "Deu pane no sistema da Allianz no Brasil", em sua opinião, a empresa poderia ter previsto o problema pelo qual passou? Haveria, no caso, um plano contingencial para fazer frente ao problema?

5 O comportamento de compra do consumidor pode mudar rapidamente diante de uma situação nova no mercado. Ele pode deixar de comprar um produto, caso um estudo científico demonstre os malefícios causados por seu uso. Como uma empresa pode enfrentar uma situação inesperada como essa?

O marketing da responsabilidade social

APRESENTAÇÃO

As empresas que se mostrarem éticas, engajadas em ações de responsabilidade social corporativa, que tratarem seus funcionários tão bem quanto tratam seus acionistas, certamente estarão atendendo às pressões cada vez maiores de seus stakeholders. O trabalho ético e pautado em valores elevados melhora a reputação das empresas, que têm então possibilidade de aumentar seus resultados financeiros no longo prazo. A comunicação ao público das atividades de responsabilidade social corporativa conduzidas pelas empresas é um tema a ser abordado com cuidado.

Após a leitura deste capítulo, você terá condições de entender a importância das ações de responsabilidade social corporativa adotadas por algumas empresas conhecidas; saberá que os funcionários são parte importante da empresa e que o atendimento das expectativas dos stakeholders é tema prioritário.

COMUNICAÇÃO DAS AÇÕES DE RESPONSABILIDADE SOCIAL

Despesas com a comunicação das atividades de responsabilidade social corporativa tornaram-se o terceiro maior item no orçamento de marketing de grandes organizações, o que demonstra a importância crescente do investimento realizado para construir a identidade corporativa das empresas. Aparentemente, os consumidores foram negligenciados como stakeholders até que as empresas perceberam sua importância, em particular quanto à sua preferência pela compra de produtos de empresas socialmente responsáveis. Os consumidores têm atitudes positivas e maior intenção de compra em relação a empresas que demonstram ser socialmente responsáveis. No entanto, por vezes, os consumidores não conseguem detectar se as empresas estão de fato preocupadas com o bem-estar da sociedade, se esse é seu verdadeiro interesse, ou se não estão realmente engajadas e só pretendem tirar vantagem da tendência. Isso gera um problema, pois a percepção indefinida que os consumidores têm das empresas pode motivá-los a se voltar contra todas as organizações que investem na comunicação de suas ações sociais, mesmo quando existe um compromisso legítimo com práticas de sustentabilidade.

Devido a essa confusão, a comunicação institucional das ações sociais torna-se questionável. É uma prática que pode jogar os consumidores contra as empresas que investem na comunicação de suas atividades de responsabilidade social corporativa. Nem todos os especialistas acreditam que os consumidores são sempre céticos em relação a propagandas "verdes" feitas pelas empresas. Esse ceticismo depende do tipo de consumidor.

De fato, nem todos são céticos em relação a anúncios de cunho ecológico. As empresas devem entender os benefícios que podem ter com o desenvolvimento de estratégias de marketing que respeitem o meio ambiente, em consonância com as necessidades dos stakeholders. As empresas podem perseguir três estratégias "verdes" para atender às necessidades de diferentes stakeholders: (a) a inovação "verde"; (b) tornar a organização ecologicamente correta; e (c) o estabelecimento de alianças "verdes".

As empresas devem entender os benefícios que podem ter com o desenvolvimento de estratégias de marketing que respeitem o meio ambiente, em consonância com as necessidades dos stakeholders.

Apesar de 75% dos consumidores declararem que são "verdes", as vendas de produtos "verdes" em 2005 foram menos de 4% do total de vendas em todo o mundo, situação que vem mudando um pouco, ao menos em termos de interesse dos consumidores. Em pesquisa on-line, "Rethinking consumption: consumers and the future of sustainability", 65% dos consumidores entrevistados (entre setembro e outubro de 2012) disseram que se sentem responsáveis por comprar produtos que sejam bons para o meio ambiente.

A melhoria da divulgação pública das atividades de responsabilidade social corporativa traz transparência ao processo das empresas. Há uma busca crescente de informações sobre iniciativas de responsabilidade corporativa. Os stakeholders observam se as empresas estão atuando com responsabilidade para com o meio ambiente e a sociedade. Em situações de conflito, nas quais os stakeholders têm diferentes pontos de vista entre si, e mesmo entre os stakeholders e a empresa, é essencial informar o público sobre as iniciativas de responsabilidade corporativa da empresa a fim de conquistar a aceitação pública para o negócio. A gestão eficaz dos stakeholders requer uma forte relação entre eles e a empresa, que deve ter uma preocupação legítima com a saúde e a segurança, tanto da comunidade local como dos funcionários. Por outro lado, as empresas que não investem em ações de responsabilidade social corporativa podem ter problemas de relacionamento com seus stakeholders. A experiência anterior com a comunicação de ações de responsabilidade social tende a aumentar as expectativas dos acionistas. Existe certa assimetria de informações entre gestores e stakeholders, pois os gestores conhecem a fundo suas práticas empresariais. Essa assimetria pode mascarar práticas que os stakeholders considerariam insuficientes.

MARKETING RESPONSÁVEL

Uma empresa que sempre está pensando à frente de seus concorrentes e é referência no mercado é a General Electric (GE). Após anos de sucesso – leia-se lucro para os acionistas e satisfação plena das necessidades e dos desejos de seus consumidores –, capitaneada pelo nomeado "executivo do século", Jack Welch, a GE conseguiu, com seu novo CEO, uma mudança conceitual em sua organização, missão, valores e objetivos estratégicos, e uma quebra de paradigma em relação ao relacionamento com o mercado, resumida nas palavras que se tornaram um novo conceito mercadológico: *green is green*, ou seja, "verde é verde". Com estratégias de sustentabilidade desenhadas para produtos, processos e sistemas ecológicos, esse conceito redunda em maior retorno para os acionistas com a antecipação, ou a percepção, de mudanças nas necessidades e nos desejos de seus consumidores: o verde das notas de dólar resultando de políticas "verdes".

As empresas que saem na frente na corrida pela inovação, pela atenção dos consumidores e por novos conceitos de mercado relacionados a formas efetivas de sustentabilidade são aquelas que sobreviverão para contar a história das organizações do século XXI.

Esse novo conceito criado pela GE será, em um futuro próximo, visto como um dos mais importantes divisores de água no mercado empresarial, e será adotado por organizações de vários setores e tamanhos. A GE foi uma das primeiras empresas, ou ao menos uma das primeiras com seu grau de importância para a economia de vários países, a admitir que investir em formas sustentáveis com produtos ecológicos, além de fazer bem para o planeta, ajuda a manter (e fazer crescer) a rentabilidade das empresas. Uma inovação no mercado é mais um exemplo de como essa organização consegue se antecipar e transformar o ambiente competitivo em proveito próprio e dos clientes, assim como da sociedade em geral.

As empresas que saem na frente na corrida pela inovação, pela atenção dos consumidores e por novos conceitos de mercado relacionados a formas efetivas de sustentabilidade são aquelas que sobreviverão para contar a história das organizações do século XXI. Aparecerão em obras como *Feitas para durar*[1] – versão 2050 e, com certeza, serão as que no início deste século começaram a pensar em sustentabilidade de modo recorrente, e não como moda – pois essa maneira de se relacionar com o ambiente não é, nem muito menos será, algo passageiro. Trata-se de pensar de modo a utilizar com consciência e racionalmente os recursos naturais e seu relacionamento, procurando sempre considerar as gerações futuras e como iremos deixar o planeta para elas.

BENEFÍCIOS PARA AS EMPRESAS

Quais benefícios, em termos de marketing, uma empresa pode obter com uma política eficaz e eficiente de sustentabilidade? Como conciliar as estratégias de sustentabilidade com os objetivos mercadológicos da organização? Qual o papel do marketing no planejamento sustentável das empresas?

Para responder a essas indagações, e a outros possíveis questionamentos, apresentamos a seguir os principais conceitos de marketing em relação aos mais importantes preceitos de sustentabilidade. Além disso, usaremos exemplos de mercado para facilitar o entendimento de nossa linha de raciocínio.

A SUSTENTABILIDADE NO CONCEITO DE MARKETING

Para interligar o conceito de sustentabilidade com a filosofia de marketing, devemos conceituar essa área do conhecimento, que, a cada dia, ganha mais importância no ambiente empresarial, mas que, apesar de intensa difusão, ainda gera dúvidas ou equívocos relacionados às práticas mercadológicas das organizações.

Devido ao caráter generalista e sistêmico do marketing, com o qual todos os departamentos de uma organização têm contato, direto ou não, e a cujas ferramentas, estratégias e conceitos recorrem, e também devido a sua dimensão prática, que lhe proporciona acesso a quase todos os membros da sociedade – alvo constante de suas estratégias –, o marketing é conceituado por cada um desses agentes de uma maneira

---

1. COLLINS, J. C. & PORRAS, J. I. *Feitas para durar*. São Paulo: Rocco, 2007. Reunindo as conclusões de uma pesquisa realizada em 18 empresas "excepcionais e duradouras" – algumas com quase cem anos de existência e desempenho superior ao da média do mercado acionário desde 1926 –, os autores mostram os fatores que as levaram a se tornar líderes em seus setores. (N. da R.)

diferente, ou que facilite seu entendimento e lhes permita transmitir suas mensagens com mais eficiência.

Resumidamente, podemos descrever o marketing como a área de conhecimento que engloba atividades empresariais, pessoais e sociais realizadas por uma organização com o objetivo de satisfazer as necessidades e os desejos de seus consumidores e stakeholders.

> **Como as necessidades e desejos dos consumidores estão passando por profundas transformações no decorrer de suas existências, nada mais natural do que as organizações também mudarem e adaptarem sua forma de se relacionar com o mercado consumidor.**

Como as necessidades e os desejos dos consumidores passam por profundas transformações ao longo do tempo, nada mais natural do que as organizações também mudarem e adaptarem sua maneira de se relacionar com o mercado consumidor. Resolver os problemas dos clientes apenas com bons produtos, preços adequados à sua capacidade financeira, de modo personalizado (com produtos, marcas e atendimento), no momento certo, na hora combinada, proporcionando status e diferenciação, já não é suficiente para agregar valor para essas organizações. É necessário ir além do que atualmente conhecemos ou percebemos nas práticas mercadológicas mais comuns. É preciso superar as expectativas desses consumidores, mais exigentes e conscientes.

Estratégias muito utilizadas e que, por um bom tempo, foram responsáveis pelo sucesso da maioria das empresas, tanto no mercado brasileiro como no mundial, não são mais fatores diferenciadores para garantir a satisfação das necessidades e dos desejos dos consumidores. É preciso passar para um estágio superior, pensando e agindo com uma visão de longo prazo, ofertando produtos e serviços adequados ao novo estilo de consumidor, mais exigente e ciente de suas responsabilidades em termos ambientais e sociais. Da mesma maneira que a GE, a Natura elaborou sua política, visão, missão e valores direcionando-os à preservação do meio ambiente e de modos sustentáveis de utilizar os recursos naturais que servem de matéria-prima para os seus produtos. É uma empresa que não pensa apenas no curto prazo, mas na preservação do mercado para as gerações futuras, mediante um consumo consciente.

Devido ao seu caráter sistêmico e prático que lhe permite penetrar em vários departamentos organizacionais e também em diversos estratos sociais, o marketing desempenha um papel fundamental, não apenas conceitual, mas também prático, na definição das políticas de sustentabilidade das organizações com o objetivo de garantir melhor qualidade de vida, tanto para a geração atual como para as futuras.

Sairão na frente as empresas que souberem ler antes das outras as mudanças de relacionamento com os consumidores, inclusive os novos consumidores que vão surgindo – como a GE ou como a Nokia que, ciente dos danos causados ao meio ambiente por seus produtos, entre os quais baterias e aparelhos fora de uso, criou uma estratégia de logística reversa para recolher seus "restos". Essas organizações conseguirão se manter na liderança por muito tempo, ditando as regras de mercado; restará à concorrência apenas seguir esses líderes.

A não adaptação das empresas a essa orientação voltada para o bem-estar social trará a elas vultosas perdas porque, após grandes investimentos no desenvolvimento dos produtos e em todo o processo fabril até o momento de chegar ao mercado, acreditando que estão resolvendo adequadamente os problemas dos consumidores, na verdade estes ainda acharão falta de algo: especificamente, uma política efetiva de respeito ao meio ambiente.

> **Sairão na frente as empresas que souberem ler antes das outras as mudanças de relacionamento com os consumidores, inclusive os novos consumidores que vão surgindo.**

Para entender esse novo relacionamento entre empresas e consumidores, estudaremos alguns indicadores de sustentabilidade e responsabilidade social corporativa do Instituto Ethos, para em seguida descrever seu relacionamento com as ferramentas mercadológicas capazes de garantir um diferencial competitivo para as organizações.

AS VANTAGENS MERCADOLÓGICAS DE SER ÉTICO E TRANSPARENTE

Ser ético e transparente é um pressuposto muito básico, e o mínimo que se espera de uma organização e de seus integrantes é que atuem com ética e transparência com seu público interno e externo. É o mínimo que esperamos de uma organização quando a elegemos para resolver nossos problemas de consumo e para garantir melhor qualidade em nossas vidas com o uso de seus produtos.

Hoje, no mundo dos negócios, o tema da moda é "guerra": "vamos derrotar a concorrência", "temos de ampliar o nosso território", "estratégias de ataque e defesa", "a guerra das cervejas", "batalha por uma maior participação de mercado", "pontos fortes e pontos fracos do adversário", "ataque pelo flanco", "estratégia de guerrilha" – essas, entre outras, são expressões que estamos acostumados a escutar na mídia especializada em negócios quando o assunto é a disputa entre empresas por fatias do mercado.

Como em um campo de batalha, a ética nem sempre está presente, e isso notamos nos abusos cometidos nos atuais confrontos militares, noticiados com frequência na mídia. Em virtude desses atos e abusos em nome da guerra, acabamos generalizando e achando que é natural também para organizações no mundo dos negócios praticarem atos de desrespeito contra seres humanos. Se a mídia começasse a noticiar mais os atos de honestidade e ética nos conflitos militares (ainda que raros), sem dúvida teríamos melhores recursos para educar as gerações futuras.

> **Como em um campo de batalha, a ética nem sempre está presente, como notamos nos abusos cometidos nos atuais confrontos militares, noticiados com frequência na mídia.**

Portanto, as organizações devem formalizar quais são os princípios norteadores de sua cultura organizacional para que alguns integrantes, ao menos os mais desavisados, mal-intencionados ou que se acreditam os verdadeiros militares do mercado, não caiam na tentação de burlar normas e princípios visando garantir maior participação de mercado, vendas substanciais e lucros progressivos, assim como ocorreu no passado recente com algumas empresas que maquiavam as embalagens de seus produtos, como papel higiênico com menor metragem, bolachas com peso menor do que o informado, entre tantas outras práticas de desrespeito aos consumidores, simplesmente para tentar ganhar a batalha contra seus "inimigos" de mercado.

Trabalhar com princípios éticos faz bem para a organização. Os consumidores, assim como costumam torcer pelos mais fracos (por exemplo, no caso da Dolly *vs.* Coca-Cola era enorme a quantidade de pessoas que torciam pela empresa brasileira, mesmo desconhecendo o motivo da disputa), admiram empresas éticas, que respeitam os empregados, proíbem práticas ilegais como suborno, reprimem as famosas "lembrancinhas" de final de ano, descartam o nepotismo, pagam os tributos pontualmente, enfim, são éticas em todos os seus relacionamentos com parceiros, empregados, órgãos públicos e a sociedade em geral.

Infelizmente, a memória do brasileiro é curta, o que talvez seja explicado por sua falta de informação; o brasileiro lê muito pouco. Em virtude dessa situação, podemos notar que são vários exemplos de empresas que faltaram, ou faltam, com a ética em seus relacionamentos com o mercado e com a sociedade e ainda continuam presentes e muitas vezes obtendo sucesso em seus respectivos segmentos. O quadro, porém, está mudando, e algumas figuras recorrentes e com vários antecedentes começam a deixar o cenário brasileiro, ainda que a passos lentos. Os donos da Daslu, presos por sonegação fiscal, continuam livres e conduzindo seus negócios, respeitados pela elite da sociedade paulistana. A cervejaria Schincariol teve o mesmo problema da Daslu, isso sem mencionar os lojistas da rua 25 de Março com seus produtos contrabandeados, sem nota fiscal e "isentos" de impostos, os DVDs piratas e os produtos vendidos em todo o Brasil sem nota fiscal. Infelizmente, essas situações são tão recorrentes no cotidiano que acabamos nos acostumando com a presença dessas empresas, mas será que no futuro elas terão espaço no mercado?

Apesar desse panorama sombrio, ainda há organizações que, mesmo enfrentando crises que prejudicam sua imagem, conseguem trabalhar com ética, transparência e respeito pelos consumidores, acionistas e, principalmente, a sociedade.

Outro fato interessante a ser notado é que, quando uma empresa admite ter algum problema, a maioria dos consumidores entende a situação e, o mais importante, se coloca ao lado da empresa para a resolução da crise. Quando uma empresa age dessa maneira, mostra-se humana, suscetível a erros, menos arrogante. Portanto, por mais que pareça que sua empresa está nadando contra a maré, vale sim ter uma atuação ética, pautada por uma cultura organizacional clara e enraizada em um relacionamento sustentável, definida pela transparência no relacionamento com os stakeholders e por práticas de governança corporativa.

> **Faça com que os funcionários, clientes, fornecedores e a sociedade tenham orgulho da maneira como a sua organização trabalha e, o mais importante, não se esqueça de propagar estas políticas, pois somente assim terá uma vantagem comparativa neste complexo mercado.**

Faça com que funcionários, clientes, fornecedores e a sociedade tenham orgulho da maneira como sua organização trabalha e, o mais importante, não se esqueça de divulgar essas políticas, pois somente assim terá uma vantagem comparativa neste complexo mercado. Quanto mais empresas propagarem suas ações de sustentabilidade, e com isso mantiverem sua competitividade, maior será a probabilidade de outras copiarem-nas, gerando um intenso efeito multiplicador.

Também vale lembrar que, ao lado dessas práticas, uma excelente ferramenta mercadológica trabalhará a seu favor: o boca a boca, também conhecido como marketing viral. Agindo com ética e transparência, sua empresa conquistará os verdadeiros torcedores da marca, que farão a propaganda espontânea de seus produtos e serviços.

OS PRIMEIROS CLIENTES

O relacionamento das empresas com o público interno em termos de diálogo e participação dos funcionários no destino e no andamento da organização, cultivando o respeito e oferecendo condições adequadas de trabalho é, infelizmente, negligenciado pela maioria das organizações em território brasileiro e em várias partes do mundo, principalmente nas economias em desenvolvimento, a exemplo de casos ocorridos na China. Nos chamados países emergentes, esse relacionamento com o público interno é um dos pontos mais importantes para a imagem organizacional e para garantir melhores condições de enfrentar um mercado cada vez mais competitivo e com consumidores cada vez mais atentos aos deslizes praticados pelas organizações.

Além de ser um ponto fundamental de toda política de sustentabilidade, esse fator traz importantes contribuições mercadológicas e para o relacionamento da empresa com seu público-alvo, por fazer uma acentuada diferença na boa imagem da organização, ser uma fonte geradora de ideias para novos produtos ou conceitos administrativos, proporcionar publicidade gratuita, permitir o alinhamento organizacional, entre vários outros benefícios. Basta manter o diálogo com os colaboradores e possibilitar sua participação efetiva, respeitá-los e lhes oferecer condições decentes de trabalho, de modo sistematizado e, principalmente, formalizado como política corporativa.

Muitas empresas acreditam que o foco de suas estratégias de marketing e o objetivo de seu planejamento estratégico devem mirar exclusivamente os consumidores, aqueles que adquirem seus produtos e são a fonte da receita, para garantir a perpetuação do negócio, tendo sido identificados pelo processo de segmentação de mercado. Grave engano.

Os primeiros clientes de uma organização são seus funcionários. São eles os responsáveis por que os produtos cheguem ao mercado; são eles que garantem a execução do planejamento estratégico, fazem propaganda gratuita da empresa e seus produtos e são responsáveis por sua existência. Se os colaboradores, portanto, são os primeiros clientes de um produto ou serviço, devemos tratá-los como tal.

Uma situação das mais desagradáveis que pode haver tanto para consumidores como para funcionários – e que muitos já presenciaram – ocorre quando, durante uma compra, o cliente questiona o vendedor a respeito de um produto ou de uma promoção anunciada nos veículos de comunicação e este a desconhece. Ele se sente traído por ser o último a saber dessa informação importante, e o cliente também, por acreditar que a empresa é desorganizada ou que o vendedor está sonegando informação para levar alguma vantagem ou tentar repassar uma mercadoria encalhada ou um produto mais caro. Tudo isso por quê? Por causa de uma visão míope das empresas em relação aos consumidores e aos seus importantes colaboradores.

> **Os primeiros clientes de uma organização são seus funcionários. São eles os responsáveis por que os produtos cheguem ao mercado; são eles que garantem a execução do planejamento estratégico, fazem propaganda gratuita da empresa e seus produtos e são responsáveis por sua existência.**

Portanto, o cuidado e o respeito aos colaboradores devem ser redobrados, por exemplo, no lançamento de produtos ou promoções. A empresa deve primeiramente comunicar esses eventos aos colaboradores internos. Muitas corporações não o fazem por acreditar que são estratégias sigilosas, mas nem imaginam que, de antemão, os concorrentes já as conhecem por outras fontes. A transparência facilita e muito a implantação de estratégias, pois somente assim existirá uma verdadeira e efetiva concentração de forças, um alinhamento mercadológico, além, é claro, de respeito aos funcionários, que se sentirão valorizados e realmente parte da organização.

É boa política também manter um diálogo aberto com o sindicato, cultivando uma gestão participativa. Os sindicatos nada mais são do que uma força mediadora no relacionamento entre a empresa e os funcionários. Muitos sindicatos trabalham em conjunto com as organizações para melhor capacitar os empregados por meio de cursos de nivelamento e palestras, entre outras opções de treinamento, propondo soluções de melhorias de processos, e várias outras maneiras de beneficiar seus associados e consequentemente a organização. Foi-se a época das intensas guerras entre sindicatos e empresas; hoje, a empresa sustentável trabalha em conjunto com o sindicato, somando forças.

Quando a empresa trabalha de acordo com a legislação e respeita os funcionários, naturalmente não tem nada a esconder. Neste mundo de intensa difusão de informações, a sua empresa não vai querer sair nos noticiários devido a uma greve dos funcionários, pois isso é publicidade negativa, que pode pôr a perder preciosos investimentos na construção de uma marca duradoura.

As empresas modernas, aquelas que estão um passo à frente de seus concorrentes e ditam os conceitos do mercado, são as que praticam a gestão participativa, que disponibilizam informações econômico-financeiras, incentivam sugestões para a melhoria dos processos e de projetos de redução de custos, possuem uma comissão de fábrica para tratar de melhorias mútuas, mantêm mecanismos formais de comunicação com seus empregados e, acima de tudo, recompensam os funcionários que participam e são efetivos nos processos que envolvem a empresa e os funcionários.

As empresas modernas, aquelas que estão um passo à frente de seus concorrentes, ditam os conceitos do mercado.

Será que uma empresa como a 3M, conhecida mundialmente por seus processos de inovação, que praticamente se "autocanibaliza" com uma intensidade muito maior que a de todos os concorrentes, e, por princípio, sabe que um grande percentual de seu faturamento anual deve advir de produtos novos lançados no mercado, ou a Gillette, que constantemente inova os aparelhos de barbear em um mercado praticamente de commodities, ou ainda um ícone do mercado digital como o Google, conseguiriam sobreviver no mercado e ser esses casos de sucesso sempre comentados nas aulas de gestão sem adotar uma gestão participativa?

Possivelmente não. Seus sistemas de inovação e de novos conceitos de mercado provavelmente não teriam o mesmo sucesso se não houvesse uma administração participativa, que ouve os funcionários e, principalmente, acredita que eles têm boas ideias que podem contribuir para o melhor andamento da organização.

O desrespeito ao indivíduo mancha a imagem de uma organização, o que, em muitos casos, é difícil de recuperar. Por outro lado, uma empresa que respeita o indivíduo ganha a simpatia da sociedade se torna uma marca forte.

O fator fundamental a ser considerado, como já citamos, é o respeito ao indivíduo. Esse aspecto deveria ser o mínimo que se espera de qualquer cidadão, e mais ainda de uma empresa. Porém, tendo constatado que a realidade não é essa, vamos correlacionar essa dimensão com os preceitos do marketing, efetuando uma análise mercadológica da situação.

Devido à intensa difusão de informações garantida pelos meios de comunicação da mídia impressa, televisiva e digital, qualquer ato de desrespeito de uma empresa em relação a um indivíduo ganhará destaque e naturalmente manchará a imagem da organização e seus produtos, uma imagem que em geral demorou anos e anos para ser construída e que somente à custa de pesados investimentos talvez possa ser retocada. Essas organizações pagam muito caro pelo desrespeito ao indivíduo.

Contudo, apesar dos cuidados que se devem tomar para garantir o bom nome das instituições, algumas ainda acreditam que são intocáveis e podem agir como bem quiserem, ainda mantendo uma boa posição no mercado (o que infelizmente acontece em alguns casos).

Hoje em dia, o relacionamento com a imprensa depende de variáveis que podemos chamar de incontroláveis, e seu impacto nas organizações é imenso, ainda mais em casos de desrespeito ao indivíduo. Alguns anos atrás, foi amplamente divulgado que a poderosa Nike usava mão de obra semiescrava na fabricação de seus produtos na África e no Oriente. Essa informação causou uma péssima mancha em sua imagem. Por algum tempo, os consumidores mais conscientes deixaram de comprar os produtos da marca. Foram necessários vultosos investimentos para retocar a imagem da organização. Práticas de desrespeito ainda em vigor incluem as intermináveis horas de trabalho nas empresas chinesas e o uso de crianças como mão de obra barata; minas de carvão, minérios e usinas de cana-de-açúcar que usam o trabalho infantil; empresas que rotulam os consumidores por cor ou raça; e ainda, por incrível que pareça, a discriminação da mulher no mercado, como aconteceu com o discurso do presidente do Fluminense, do Rio de Janeiro, quando disse que as mulheres possuem apenas dois neurônios. O caso ocorreu na apresentação do treinador do clube, René Simões, que inclusive já havia treinado a seleção brasileira de futebol feminino.

Esses são fatos que denigrem a imagem de uma organização; em muitos casos, é difícil reverter a situação. Por outro lado, uma empresa que respeita o indivíduo ganha a simpatia da sociedade e se torna uma marca forte. A marca é um organismo vivo que deve constantemente se modificar para assimilar as mudanças ocorridas no ambiente. Como as políticas de sustentabilidade são uma realidade no mercado, as marcas devem se adaptar a essa nova situação.

Por fim, devemos destacar a importância de condições decentes de trabalho, como uma política de remuneração, benefícios e carreira, cuidados com saúde, segurança e demais condições, compromisso com o desenvolvimento profissional e a empregabilidade, comportamento nas demissões e preparação para a aposentadoria.

Fidelidade: essa é a palavra-chave para todas as organizações quando se fala de marketing. Pensando nisso, as empresas adotam várias estratégias mercadológicas, como programas de CRM,[2] ações de envolvimento dos clientes na criação e no desenvolvimento de produtos, antecipação das necessidades do consumidor, valorização dos produtos oferecidos ao mercado, promoções a perder de vista etc. Algumas apenas se esquecem do item mais importante nessa equação: os funcionários. Esquecem que, para essas estratégias funcionarem, os empregados devem ser respeitados em todos os sentidos. Quantas vezes você já foi mal atendido por um vendedor? Bem, nem precisamos perguntar se já passou por aborrecimentos com o atendente de algum SAC ou telemarketing... e qual o motivo dessa situação?

Simples: funcionários mal remunerados, atrasos no pagamentos dos salários, empresas que impõem horas exaustivas de trabalho, sem condições adequadas, e que ainda exigem que os funcionários estejam sempre dispostos e competitivos para o dia a dia. Sabemos que essa competitividade – leia-se horas de trabalho além do expediente – é um reflexo dos novos tempos, mas, se um funcionário é constantemente obrigado a permanecer no trabalho após o horário regular de expediente, algo está errado, com o funcionário ou com a empresa. É uma situação a ser pensada.

Enfim, se a sua organização quer manter a fidelidade dos consumidores, que tal começar com a fidelidade de seus empregados? Funcionários bem tratados, que sentem orgulho de seu papel dentro da organização: esse é o primeiro passo para manter a fidelidade dos consumidores. De nada adianta possuir um produto de primeira linha,

---

2. CRM: Customer Relationship Management. Refere-se ao gerenciamento do relacionamento de uma empresa com seus clientes. Um programa de CRM trabalha com uma base de dados com informações sobre os clientes.

que atenda a todas as necessidades dos consumidores, se os próprios empregados não têm mínimas condições de trabalho.

Veja o caso dos japoneses. Há algum tempo ("há algum tempo", porque várias organizações nipônicas estão sendo contagiadas pela competição dos ocidentais), os funcionários tinham empregos vitalícios, suas condições de trabalho eram respeitadas, era adotada a gestão participativa e, por causa disso, eles eram torcedores da marca (da empresa). Viviam para a empresa e, como os samurais, morriam pelo bom andamento da organização.

Se a sua organização quer manter a fidelidade dos consumidores, que tal começar com a fidelidade de seus empregados? Funcionários bem tratados, que sentem orgulho de seu papel dentro da organização: esse é o primeiro passo para manter a fidelidade de seus consumidores.

Com um trabalho decente, as empresas orientais conseguiam fazer girar a roda da fortuna, pois quantos mais empregados fossem remunerados adequadamente, maior seria a quantidade de compradores, não apenas dos produtos da própria empresa, mas também de outras, e assim, com maior poder de compra, maior seria a economia da nação. Esse é o consumismo em sua maior aplicabilidade para o bem-estar de uma economia. Mais pessoas com poder de compra sinalizam um mercado maior; um mercado maior sinaliza mais consumo, e mais consumo, mais empregos. É assim que as economias desenvolvidas prosperam: respeitando e remunerando adequadamente seus funcionários.

O MARKETING VERDE

A empresa é um organismo vivo. Normalmente, nasce do sonho de um empreendedor, cresce com os problemas juvenis de qualquer adolescente, fica madura com a experiência adquirida em sua história de vida e, muitas vezes, devido ao fato de não acompanhar as mudanças no ambiente, como novas tecnologias, mudanças legais ou no comportamento do consumidor, morrem, deixam de existir no mercado e passam a ser apenas uma vaga lembrança na mente dos saudosistas, em aulas de planejamento estratégico e marketing, e nos e-mails que recebemos sobre produtos ou empresas que fizeram parte de nossa infância – apenas lembranças.

Por serem um organismo vivo, cujos produtos e serviços as pessoas usufruem para melhorar sua qualidade de vida, podemos afirmar que as empresas são parte integrante, atuante e atualmente cada vez mais importante do conjunto de agentes que atuam no meio ambiente com todos os seus organismos vivos, em especial os seres humanos. E, como parte do meio ambiente, as empresas precisam fazer valer seu papel nesse cenário fundamental.

Não há mais espaço para líderes empresariais e governantes que usam dados estatísticos e estudos científicos como melhor lhes convém, a exemplo dos Estados Unidos, que normalmente minimizam os impactos causados no meio ambiente (efeito estufa) pela maior economia do planeta ou por sua não adesão ao Protocolo de Kyoto. Não precisamos de estudos muito complexos para comprovar esses dados: basta olhar à nossa volta. São índices alarmantes de poluição, desmatamento, descongelamento das calotas polares, aumento do nível de mares e oceanos, elevação da temperatura global e catástrofes ambientais, fatos que estão presentes para quem quiser ver, ou não.

Voltando ao fato de as empresas serem um organismo vivo, para que um organismo possa se perpetuar, lembrando a máxima de Darwin de que "somente os mais aptos e mais fortes podem sobreviver", está na hora de as organizações serem muito mais conscientes do impacto de suas ações sobre o meio ambiente.

Somente as organizações com uma política formal de preocupação com o meio ambiente conseguirão sobreviver (e nos deixar viver, a nós e às gerações futuras). Mas não devem se limitar a atos isolados. Da mesma maneira que pregamos que todos dentro da organização devem pensar em termos de marketing, pois somente assim a empresa conseguirá realmente atender aos anseios de seus consumidores, todos os empregados da organização devem pensar em termos de respeito e preservação do meio ambiente.

Uma empresa que pensa desse modo, além de preservar os próprios recursos para um futuro próximo, ganha a preferência dos consumidores. Não se engane: daqui a poucos anos, os consumidores apenas comprarão produtos de empresas que respeitam o ambiente, como já ocorre em algumas economias mais desenvolvidas. Essas empresas também ganham a simpatia da comunidade e, se forem bem organizadas, as práticas sustentáveis reduzem custos e aumentam a lucratividade. São vários os exemplos de empresas que já estão largando na frente, umas mais ousadas, outras ainda um pouco tímidas, na corrida por uma atuação ecologicamente correta.

Talvez o exemplo mais notado no mercado seja o uso de papel reciclado. Começou com as instituições financeiras, quando perceberam que ajudariam a preservação do meio ambiente se deixassem de enviar extratos via correio e os encaminhassem apenas para aqueles que os solicitassem, além de reduzir o número de informações desnecessárias que continham. Depois essa prática se propagou por um grande número de empresas. O papel reciclado, ao menos para o consumidor comum, custa mais caro, mas o ganho para a imagem da organização é imenso. Também se ganha no longo prazo, preservando um importante recurso natural que, se não for usado adequadamente, irá faltar no futuro. Você pode imaginar quanto custaria uma folha de papel, caso começasse a escassear?

Falando em preservação florestal, a gigantesca Walmart está implantando a economia "verde". Lembre-se, os líderes criam conceitos e sempre estão na frente. Sua estratégia, entre tantas outras já colocadas em prática, consistiu em reduzir o tamanho dos cartões de visita de seus colaboradores, uma iniciativa simples. Imagine quantos cartões são emitidos em todas as unidades da rede no mundo.

> **Uma estratégia do Walmart, entre tantas outras já colocadas em prática, consistiu em reduzir o tamanho do cartão de visita de seus colaboradores, uma iniciativa simples. Imagine quantos cartões são emitidos em todas as unidades da rede no mundo.**

Note os benefícios dessa simples ação. Com a redução no tamanho do cartão de visita houve redução de custos, que é a chave de sua espartana filosofia de gestão; a empresa também conseguiu um diferencial em termos de apresentação dos colaboradores entre os demais, que usam o tamanho padrão; conseguiu uma publicidade positiva, pois a ação foi noticiada em importantes revistas de negócios, e está ajudando a criar a imagem de empresa responsável, além, naturalmente, de colaborar com a preservação do meio ambiente. Todos esses benefícios decorreram simplesmente de pensar em preservar um dos escassos recursos naturais.

Também temos o caso do Banco Itaú. Para efetivar sua política "verde", patrocinou em 2007 uma palestra com um dos nomes mais importantes da questão da sustentabilidade: Al Gore. O ex-vice-presidente dos EUA discursou para cerca de 800 pessoas, entre elas importantes clientes corporativos. Para se adaptar às novas demandas de mercado, o banco também criou uma diretoria de sustentabilidade para planejar suas estratégias de preservação do meio ambiente, bem como determinou que os diretores de suas áreas comerciais participem de um comitê socioambiental para definir as políticas e as estratégias na condução de seus negócios.

Temos vários outros exemplos de empresas preocupadas com o meio ambiente. O fabricante do detergente Ypê promove o plantio de árvores; os automóveis com motor total flex revolucionaram o mercado automobilístico brasileiro; escritórios e fábricas inteligentes agora são construídos de modo a usar adequadamente recursos naturais como água e energia solar e eólica; a rede de Casas Bahia inaugurou uma empresa de reciclagem para os resíduos produzidos em suas lojas e escritórios. Mas um dos casos que mais chamam a atenção por seus benefícios é o da GE. Em matéria publicada na revista *Exame* (20 mar. 2008), os números e os benefícios são impressionantes. Em 2004, o novo CEO, Jeffrey Immelt, determinou aos seus 40 principais executivos que todas as áreas da empresa, da fabricação de turbinas aos serviços financeiros, deveriam se engajar na criação de produtos ambientalmente corretos.

Essa é uma situação muito interessante para a nossa proposta de relacionamento entre marketing e sustentabilidade. As políticas ambientais das organizações devem vir dos primeiros escalões. De nada adianta um departamento ter a boa intenção de mudar a cultura da empresa adotando a prática de entregar produtos corretos se o principal executivo não comprar a ideia, pois então ela dificilmente sairá do papel. Como determinação do principal executivo, todas as unidades estratégicas de negócio deverão participar do processo. Deve ser uma mudança cultural, não apenas um modismo que, com o tempo, embora todos se lembrem da ideia, ninguém mais coloca em uso.

Após a determinação de Immelt, como já apontamos, foi criado um conceito que se tornou um divisor de águas: *green is green*, o que introduziu uma relação de causa e efeito entre produtos sustentáveis e lucro.

Outra lição importante que podemos tirar desse caso: crie um conceito. Quando é criado um conceito, as pessoas entendem melhor o significado de sua política e realmente compram a ideia. Tenhamos em mente também que novas estratégias devem gerar retorno para os acionistas, pois são eles que investiram e investem os recursos necessários para o adequado andamento da organização; portanto, cabe ao administrador mensurar, dentre os benefícios de uma política de sustentabilidade, o retorno dessas estratégias.

Após três anos de início do projeto, a GE despontou como uma das grandes líderes em produtos "verdes" no mundo. A empresa criada para administrar esses produtos – batizada de *Ecomagination* – passou de 17 para 60 produtos, de turbinas que emitem menos gases de efeito estufa a sistemas de automação para casas que visam reduzir o consumo de água e energia. Para salientar ainda mais os benefícios de uma economia "verde", as vendas somaram 14 bilhões de dólares em 2007, equivalente a quase 10% das vendas globais da empresa, e semelhante ao faturamento total de empresas como Google e Avon, nos Estados Unidos. Qual empresa consegue um faturamento dessa magnitude em tão pouco tempo? Realmente, *green is green*.

Como percebemos pelos exemplos citados, especificamente o da GE, uma política de respeito e conservação do meio ambiente é muito benéfica para a empresa.

A VERDADEIRA PARCERIA

Quando analisamos os fornecedores em termos de marketing, eles se enquadram no Sistema Central de Marketing. Constituem variáveis incontroláveis, agentes que podem influir na organização, mas que não conseguem ser influenciados por ela, ao menos diretamente. Apenas para esclarecer um pouco mais, variáveis controláveis são aquelas sobre as quais as organizações possuem pleno domínio e que alteram para melhor satisfazer as necessidades e os desejos dos consumidores, ou os 4 "pês", como são mais conhecidos na linguagem mercadológica.

Devido a essa característica dos fornecedores que podem influenciar as organizações de modo incontrolável, cabe aos mercadólogos efetuar um estudo sistematizado para assegurar o bom funcionamento da empresa e também para garantir reciprocidade de benefícios, o famoso ganha-ganha, pois não há mais espaço para empresas que não se preocupam com o desenvolvimento e o crescimento de seus parceiros.

O relacionamento da empresa com seus fornecedores é tão intenso que as organizações que estão à frente no mercado os incluem como parte integrante de seu sistema produtivo.

O relacionamento da empresa com seus fornecedores é tão intenso que as organizações que estão à frente no mercado os incluem como parte integrante de seu sistema produtivo; são essas organizações que enxergam seus fornecedores como extensão, como uma parte crítica de seu planejamento estratégico. Essa é uma abordagem mais do que adequada, haja vista a influência que esses agentes possuem e a extensão em que podem determinar o futuro de uma empresa.

Os fornecedores exercem uma influência direta na estratégia mercadológica das empresas, pois o andamento deficiente de algum fator produtivo causará um impacto direto sobre a organização. Basta um pequeno deslize por parte dos fornecedores e a organização o sentirá diretamente. Quando existe uma queda na qualidade, se a organização não possui um sistema adequado de controle de qualidade, ou se transfere essa responsabilidade diretamente para os fornecedores, infelizmente essa falha será notada apenas pelos consumidores e estes não irão reclamar e falar mal do fornecedor da matéria-prima, e sim da empresa que vendeu o produto.

Essa situação ocorre também com o aumento de preço. Sempre que há um reajuste de preço das matérias-primas fornecidas por determinado fornecedor esse valor costuma ser repassado para os clientes. Em uma economia extremamente concorrida, na qual o preço é um diferencial de compra, isso reduz a competitividade das empresas.

Essas situações já causam problemas suficientes. Agora, imagine se os fornecedores que foram escolhidos como parceiros preferenciais não cumprem suas obrigações legais e tributárias? Ou então contratam trabalho infantil ou escravo?

Essa é uma situação muito complicada que, infelizmente, será também vinculada à sua empresa. Os consumidores e a comunidade em geral não farão uma separação lógica e nítida entre o fornecedor e a empresa compradora, e associarão a prática condenável à sua imagem. Uma imagem que demorou tanto tempo para ser construída, com responsabilidade socioambiental, pode, pela escolha equivocada de um fornecedor, ser perdida. Em um mercado como o nosso, talvez um deslize desses não seja facilmente esquecido ou compreendido pela sociedade; portanto, todo cuidado é pouco na escolha de seus parceiros.

Em face dessa situação, as organizações que praticam políticas de sustentabilidade não podem, muito menos devem, pensar apenas em seu público interno. É preciso adotar uma visão sistêmica em que todas as partes da organização, como mencionamos no início com um Sistema Central de Marketing, influenciam e são influenciadas pelos agentes, e o excelente ou deficitário andamento de um dos agentes influencia o todo. Essas políticas devem ser transportadas também para os seus fornecedores, pois eles fazem parte do sistema produtivo da organização.

Uma empresa sustentável que estende seus valores de modo a incluir os fornecedores deve contar com critérios claros e formalizados para sua seleção e avaliação. Esses critérios não devem deixar dúvidas para as partes e, o mais importante, não se deve apenas pensar em qualidade, preço e prazo. Esses são critérios defasados. Como estamos em um mercado em que se deve ir além, ou estar sempre superando expectativas, a escolha de fornecedores também deve ser pautada por novos critérios e políticas. Esses novos critérios de avaliação e seleção de fornecedores devem incluir procedimentos éticos de gestão e programas de responsabilidade social e ambiental, comprovando que não utilizam trabalho infantil ou escravo e que adotam políticas em prol do meio ambiente. A adesão a esses e outros critérios permite um relacionamento mais efetivo com fornecedores atuais e futuros.

> **Uma empresa sustentável que estende seus valores de modo a incluir os fornecedores deve contar com critérios claros e formalizados para seleção e avaliação dos fornecedores.**

Um fator importante deve ser considerado. Não adianta apenas cobrar os fornecedores para que adotem essas práticas; é necessário um trabalho de conscientização, treinamento e avaliação dos processos propostos. Uma verdadeira parceria é um trabalho em conjunto, e os ganhos também devem ser recíprocos.

As empresas "antenadas" oferecem programas de treinamento para fornecedores, visitam suas fábricas, treinam seus empregados, auxiliam em novos processos gerenciais, mantêm relacionamentos comerciais duradouros, enfim, exercitam o conceito de parceria na verdadeira acepção da palavra, treinando, desenvolvendo e auxiliando o crescimento de seus fornecedores, como ocorre com a Bosch, por exemplo, que disponibiliza seus executivos para treinar os fornecedores, ou como o sistema de fabricação da Volkswagen, no qual, literalmente, os fornecedores estão dentro das instalações fabris da montadora, concretizando assim uma verdadeira parceria.

A FALTA DE RESPONSABILIDADE SOCIAL CORPORATIVA TRAZ RISCOS

Este é o novo ambiente que se apresenta para as organizações: mudanças ambientais e comportamentais às quais as organizações deverão se adaptar para conseguir sobreviver. Talvez estejamos passando por uma das mudanças mais importantes em termos organizacionais, haja vista que a briga agora não é apenas por melhores números de mercado ou por um número maior de consumidores, e sim para garantir o futuro do planeta.

Se o consumo desenfreado continuar como está, sem responsabilidade, tanto por parte das empresas como dos consumidores, o futuro do planeta pode estar ameaçado. Diante disso, todos nós temos um papel fundamental a cumprir e devemos exigir cada vez mais políticas de sustentabilidade e responsabilidade social e ambiental por parte das organizações.

Nesse cenário, cabe aos profissionais de marketing uma tarefa muito importante. Como essa área de conhecimento procura a melhor maneira de resolver os problemas dos consumidores, essa resolução deve se dar por meio de um planejamento de longo prazo com respeito à sociedade e ao meio ambiente.

Se o consumo desenfreado continuar como está, sem responsabilidade, tanto por parte das empresas como dos consumidores, o futuro do planeta pode estar ameaçado.

Pensar dessa maneira traz muitos benefícios para as organizações: fortalece a marca, agrega valor aos produtos comercializados, desperta simpatia na comunidade, gera publicidade positiva, entre outros. O papel do departamento de marketing deve ser o de catalisador do processo da política de sustentabilidade, já que suas práticas e o pensamento mercadológico, ao menos nas empresas que têm uma filosofia voltada aos preceitos de marketing, são amplamente utilizados em todas as áreas. Com isso, o gestor de marketing será um agente importante no processo.

Para concluir, podemos afirmar que trabalhar para garantir o bem-estar da população no longo prazo faz muito bem para as empresas, seja qual for seu porte e ramo de atividade, mas é preciso começar imediatamente, pois apenas as empresas que atuarem conforme uma política de sustentabilidade efetiva conseguirão sobreviver neste intenso mercado, cada vez mais competitivo.

"Dudalina: do pequeno comércio à grande indústria"

Camisaria tem as relações com funcionários, fornecedores e clientes como segredo de seu sucesso

No interior de Santa Catarina, um casal com 16 filhos vivia do lucro de uma pequena loja de "secos e molhados". A história seria uma típica cena da vida no campo se não fosse um erro que se transformou em oportunidade e, mais tarde, fez com que todos aqueles irmãos assumissem uma das maiores camisarias da América Latina, a Dudalina.

Hoje, com 53 anos, a empresa produz dois milhões de peças de roupa por ano e está presente em 1.800 pontos-de-venda do Brasil com suas três marcas. Seus produtos chegam a 50 países, fazendo da Dudalina a responsável – até o ano passado – por 70% das exportações de camisas do Brasil, faturando cerca de 10 milhões de dólares nessa atividade. A fabricante também é responsável por parte da produção de grifes como Daslu, Brooksfiled e Zara.

Para alcançar esse resultado e expandir seus negócios, a marca investe em marketing e em pessoas. "O segredo do nosso sucesso são as pessoas e o carinho que temos por elas", garante Rui Leopoldo Hess de Souza, que junto com sua irmã Sônia Regina comanda a empresa. Além disso, externamente, o executivo garante que para o sucesso das vendas é necessário investir em planejamento de Marketing para fazer com que as três marcas da Dudalina sejam desejadas.

CONSOLIDAÇÃO DAS MARCAS

A produção de blusas na lojinha da família começou quando uma compra errada de tecido fez encalhar por mais de um ano o material que se transformaria no pontapé inicial da camisaria. Desde então a Dudalina percorreu um grande caminho até consolidar as suas três marcas: a Base, a Individual e a Dudalina.

Dudalina: do pequeno comércio à grande indústria focada nas classes A e B, a marca com que leva o nome da empresa tem como alvo homens de negócios acima dos 40 anos. A Individual é a que mais vende e tem um produto mais casual e foca em um consumidor um pouco mais novo, enquanto a Base busca atingir os jovens. "Criar um personagem que transmita a ideologia de cada uma dessas etiquetas é essencial para que o público se identifique com elas", garante o Diretor de Varejo e Exportação da Dudalina em entrevista ao *Mundo do Marketing*.

Para isso, a cada coleção a empresa aumenta os investimentos em Marketing. Entre as ações para o grande público está a parceria com a Rede Globo no fornecimento de roupas que vestem, muitas vezes, um mesmo personagem durante toda a novela. Mas, o mais importante para a empresa é fortalecer seus valores junto ao consumidor e os parceiros comerciais, trabalhando ideias que atraem aqueles que se identificam com a natureza da Dudalina.

RELACIONAMENTO E VALORES

Entre os principais valores citados pelo profissional estão o **investimento em relações pessoais e projetos ligados à sustentabilidade**. Internamente, ações fortalecem diálogo com funcionários, clientes e fornecedores. "O consumidor atual procura empresas com as quais seus valores se identifiquem, por isso investimos em ações que valorizam nossos ideais", afirma Hess.

Para os empregados da fábrica, são priorizadas atividade como incentivo à formação acadêmica, aproximação entre presidência e empregados, proximidade da família do funcionário com a empresa, Programa de Participação nos Resultados e atividades de entretenimento. Já com os fornecedores e clientes, a Dudalina realiza fóruns em que transmite e treina toda a cadeia para que todos estejam alinhados com os valores que são pregados dentro da empresa. "Temos carinho com quem se relaciona com a gente, pois com relações verdadeiras a gente consegue trabalhar muito melhor", afirma Rui Leopoldo.

A empresa também realiza o Programa Fã Clube da Camisa, destinado aos vendedores de lojas que comercializam as marcas da Dudalina. Os produtos da empresa vêm com selos que podem ser juntados e trocados por outras camisas. No passado essa ação distribuiu 10 mil peças. Além disso, viagens e brindes são dados também como prêmios aos comerciantes.

NEGÓCIOS DUDALINA:
DO PEQUENO COMÉRCIO À GRANDE INDÚSTRIA

Embora atualmente Rui e Sônia sejam os únicos da família que comandam a Dudalina, todos os 16 irmãos já trabalharam na empresa. Hoje a família se reúne para discutir negócios apenas nos conselhos que definem as estratégias de crescimento e de atuação da companhia que mexem com os investimentos dos negócios que pertencem a todos. Todas essas relações são reguladas por um estatuto que coordena sucessão e participação de filhos e netos.

Entre os planos decididos para a empresa este ano estão a diminuição da exportação e a expansão da rede de lojas Dudalina Concept, que comercializam as três marcas da companhia. Essas ações devem resultar em um crescimento de 15% no fim de 2010.

A exportação começou na década de 1970 e até o ano passado trazia 10 milhões de dólares para a marca, mas agora deixou de ser o foco da Dudalina e deve contribuir em apenas três milhões no faturamento deste ano. "O Brasil não tem muito acordos comerciais favoráveis, isso dificulta o nosso trabalho", explica Hess. Por isso a empresa deixou de exportar para os Estados Unidos e Europa e, por enquanto, concentra suas atividades no Paraguai, Venezuela e Argentina.

Mesmo com o desfalque de alguns milhões de dólares, as previsões da Dudalina são otimistas. A empresa pretende crescer dois dígitos contra 5% do ano passado. Esse resultado se deve, em grande parte, ao investimento em lojas da marca, com seis inaugurações ainda em 2010. "Fazemos investimentos, mas sabemos que nossos resultados se devem mesmo às relações que construímos com as pessoas", completa o profissional.

Fonte: MARCOLINO, Rayane. *Mundo do Marketing*, 16 jul. 2010.
pauta@mundodomarketing.com.br

VAMOS TESTAR SEUS CONHECIMENTOS?

1 Por que as empresas que adotam ações de responsabilidade social corporativa se preocupam em não passar uma ideia de que estão se aproveitando da tendência de as empresas se apresentarem como "verdes"?

2 No case sobre a Dudalina, verificamos que dentre os principais valores da empresa estão o investimento em relações pessoais e projetos ligados à sustentabilidade. Além disso, a empresa internamente conduz ações com o objetivo de fortalecer o diálogo com funcionários, clientes e fornecedores. Como você vê esses tipos de ação em relação à reputação da empresa e sua valorização no mercado?

3 O que seria marketing "verde"? Em sua opinião, o que uma empresa deveria levar em consideração antes de fazer qualquer anúncio dessa característica?

4 Qual a tarefa dos profissionais de marketing caso queiram que suas empresas se tornem referência no mercado quanto aos programas de responsabilidade social corporativa?

5 Como deve ser a seleção dos fornecedores que atendem empresas defensoras da responsabilidade social corporativa?

Referências

007: product placement. Disponível em: <https://www.youtube.com/watch?v=xb-QXXQ5WhQI>. Acesso em: 13 ago. 2015.

1984 Apple's first Macintosh Commercial. Disponível em: <https://www.youtube.com/watch?v=OYecfV3ubP8>. Acesso em: 17 ago. 2015.

ANDERSON, C. *Free*: o futuro dos preços. Rio de Janeiro: Elsevier, 2009.

ARIELY, D. *Previsivelmente irracional*. Rio de Janeiro: Elsevier, 2008.

Automated Retail Spot Shop. Disponível em: <https://www.youtube.com/watch?v=p_V5UPqX-Cc>. Acesso em: 18 ago. 2015.

BERGER, J. *Contágio*: por que as coisas pegam. São Paulo: Leya, 2014.

BONO, E. *Pensamento lateral*. São Paulo: Nova Era, 1967.

Brahma: comercial do Copaço, o casamento da Lata com o Copo. Disponível em: <https://www.youtube.com/watch?v=dPoHuI6w3BA>. Acesso em: 18 ago. 2015

BROWN, T. *Design Thinking*: uma metodologia poderosa para decretar o fim das velhas ideias. Rio de Janeiro: Elsevier, 2010.

Budweiser Frogs (1995). Disponível em: <https://www.youtube.com/watch?v=Yb4Lc-Xqsqo>. Acesso em: 18 ago. 2015.

Budweiser Wassup original + pizza guy. Disponível em: <https://www.youtube.com/watch?v=UDTZCgsZGeA>. Acesso em: 18 ago. 2015.

CAMARGO, P. C. J. *Comportamento do consumidor*. São Paulo: Novas Ideias, 2010.

_____. *Compro sim!* Mas a culpa é dos hormônios. São Paulo: Novas Ideias, 2013.

Case Dunkin' Donuts – Biomits – Marketing Olfativo. Disponível em: <https://www.youtube.com/watch?v=DxS8o3Bu_dE>. Acesso em: 14 ago. 2015.

CHIAVENATO, I. *Introdução à Teoria Geral da Administração*. Rio de Janeiro: Elsevier, 2004.

CHRISTAKIS, N. A. & FOWLER J. H. *O poder das conexões*. Rio de Janeiro: Campus, 2010.

CHURCHILL, G. A. & PETER, J. *Marketing*: criando valor para os clientes. São Paulo: Saraiva, 2000.

COBRA, M. *O novo marketing*. Rio de Janeiro: Elsevier, 2009.

Coca-Cola Botella de Hielo. Disponível em: <https://www.youtube.com/watch?v=U-fbEoowmNOs>. Acesso em: 14 ago. 2015.

Coca-Cola leva vending machine gigante a Londres: Marketing Promocional. Disponível em: <https://www.youtube.com/watch?v=cZEJniYeQsY>. Acesso em: 18 ago. 2015.

Coca-Cola vending machine Rio de Janeiro: Marketing Promocional. Disponível em: <https://www.youtube.com/watch?v=Q2RinAVoAK>. Acesso em: 18 ago. 2015.

COLLINS, J. C. & PORRAS, J. I. *Feitas para durar*. São Paulo: Rocco, 2007.

Comercial Big Mac – McDonald's – Clássico. Disponível em: <https://www.youtube.com/watch?v=Am3Iojvwo8Q>. Acesso em: 14 ago. 2015.

Comercial da Heineken: Cerveja na cozinha! Disponível em: <https://www.youtube.com/watch?v=pzdgj2QxKPg>. Acesso em: 18 ago. 2015.

Comercial Itaú: bebê rindo. Disponível em: <https://www.youtube.com/watch?v=yY-D1shrj78g>. Acesso em: 13 ago. 2015.

Conheça a história e evolução da marca Starbucks. Disponível em: <https://www.youtube.com/watch?v=pdzNeG3vRs8>. Acesso em: 14 ago. 2015.

CUSICK, W. J. *Todos os clientes são irracionais*. Rio de Janeiro: Elsevier, 2011.

DANESE, P. Towards a contingency theory of collaborative planning initiatives in supply networks. *International Journal of Production Research*, vol. 49, n. 4, p. 15.

Diagnóstico por imagem: como funciona? Disponível em: <https://www.youtube.com/watch?v=kycJTR0048U>. Acesso em: 13 ago. 2015.

DOOLEY, R. *Como influenciar a mente do consumidor*. Rio de Janeiro: Elsevier, 2012.

Dove: Retratos da Real Beleza (Versão Estendida). Disponível em: <https://www.youtube.com/watch?v=IlonzoLHbcM>. Acesso em: 17 ago. 2015.

Episódio: neuromarketing na propaganda e publicidade audiovisual. Disponível em: <https://www.youtube.com/watch?v=5k1M35SQl2c>. Acesso em: 13 ago. 2015.

Eye traking demo. Disponível em: <https://www.youtube.com/watch?v=lo_a2cfBUGc>. Acesso em: 13 ago. 2015.

Face Reading: How to read faces – the ultimate advantage. Disponível em: <https://www.youtube.com/watch?v=Q6qlrvxCcjo>. Acesso em: 13 ago. 2015.

Filme Comercial de Danoninho (Clássico). Disponível em: <https://www.youtube.com/watch?v=j57F3HALxj4>. Acesso: 14 ago. 2015.

Fresh pizza vending machine in Italy. Disponível em: <https://www.youtube.com/watch?v=YrBgolObjro>. Acesso em: 18 ago. 2015.

Friendly twist: a garrafa de Coca-Cola que só abre com a ajuda de outra Coca-Cola. Disponível em: <https://www.youtube.com/watch?v=f-Xo-BZh4Ps>. Acesso em: 14 ago. 2015.

GADE, C. *Psicologia do consumidor e da propaganda*. São Paulo: EPU, 1998.

Gatorade Super Bowl Commercial 2010: "The Journey". Disponível em: <https://www.youtube.com/watch?v=OGHmryZe1co>. Acesso em: 18 ago. 2015.

GLADWELL, M. Blink. *A decisão num piscar de olhos*. Rio de Janeiro: Rocco, 2005.

_____. *O ponto da virada*. São Paulo: Sextante, 2009.

GODIN, S. *Marketing de ideiavírus*. Rio de Janeiro: Campus, 2001.

_____. *A vaca roxa*. Rio de Janeiro: Elsevier, 2003.

_____. *Marketing de permissão*. Rio de Janeiro: Campus, 2000.

Gold To Go: Vending Machine. Disponível em: <https://www.youtube.com/watch?v=FKSbBj2jM8Y>. Acesso em: 18 ago. 2015.

GRAVE, P. *Por dentro da mente do consumidor*. Rio de Janeiro: Elsevier, 2011.

HACKLEY, C.; TIWSAKUL, R. A. & PREUSS, L. An ethical evaluation of product placement: a deceptive practice? *Business Ethics*. v. 17, n.2, p. 109-120, 2008.

Heineken the entrance. Disponível em: <https://www.youtube.com/watch?v=eCYem-gr3SIc>. Acesso em: 18 ago. 2015.

House M. D. (Blatant product placement) "Ford Explorer". Disponível em: <https://www.youtube.com/watch?v=iLKoVvo9_d4>. Acesso em: 13 ago. 2015.

HUBBA, J. & MACCONELL, B. *Buzz Marketing*: criando clientes evangelistas. São Paulo: Makron Books, 2005.

HUTT, M. D. & SPEH, T. W. *B2B*: gestão de marketing em mercados industriais e organizacionais. São Paulo: Cengage Learning, 2010.

Ideia de carteira virtual se torna realidade graças aos pagamentos móveis. Disponível em: <http://olhardigital.uol.com.br/pro/video/pagamento-mobile/38723>. Acesso em: 18 ago. 2015.

Ipanema anatômicas. Disponível em: <https://www.youtube.com/watch?v=Hbn6FPp-cJJE>. Acesso em: 14 ago. 2015.

Is there a buy button inside the brain: Patrick Renvoise at TEDxBend. Disponível em: <https://www.youtube.com/watch?v=_rKceOe-Jro>. Acesso em: 13 ago. 2015.

It's toasted. Disponível em: <https://www.youtube.com/watch?v=EoL8f1IY1Vk>. Acesso em: 14 ago. 2015.

Johnnie Walker: The Man Who Walked Around The World. Disponível em: <https://www.youtube.com/watch?v=AAhyOCnjmqw>. Acesso em: 18 ago. 2015.

Johnnie Walker: The Android 720p. Disponível em: <https://www.youtube.com/watch?v=l1NoD_uC3ko>. Acesso em: 18 ago. 2015.

KARSAKLIAN, E. *Comportamento do consumidor*. São Paulo: Atlas, 2004.

KAWASAKI, G. *Encantamento*: a arte de modificar corações, mentes e ações. São Paulo: Alta Books, 2011.

KIM, W. C. & MAUBORGNE, Rennée. *A estratégia do oceano azul*. Rio de Janeiro: Elsevier, 2005.

KLARIC, J. *Estamos cegos*. São Paulo: Planeta do Brasil, 2012.

KOTLER, P. & TRIAS DE BES, F. *Marketing lateral*. Rio de Janeiro: Elsevier, 2004.

KOTLER, P. & KELLER, K. L. *Administração de marketing*. São Paulo: Pearson, 2012.

_____. *Marketing 3.0*: as forças que estão definindo o novo marketing centrado no ser humano. Rio de Janeiro: Elsevier, 2010.

KURTZ, C. F. & SNOWDEN, D. J. The new dynamics strategy: Sense-making in a complex and complicated world. *IBM Systems Journal*, v. 42, n. 3, 2003. Disponível em: <alumni.media.mit.edu/~brooks/storybiz/Kurtz.pdf>.

LEHRER, J. *O momento decisivo*. São Paulo: BestBusiness, 2010.

LEVINSON, J. C. *Marketing de guerrilha*. São Paulo: Best Seller, 1989.

LEWIS, D. & BRIDGES, D. *A alma do novo consumidor*. São Paulo: M. Books, 2004.

LIMEIRA, T. M. V. *Comportamento do consumidor brasileiro*. São Paulo: Saraiva, 2008.

LINDSTROM, M. *A lógica do consumo*: verdades e mentiras sobre o que compramos. São Paulo: Nova Fronteira, 2009.

_____. *Brand Sense*: a marca multissensorial. Porto Alegre: Bookman, 2007.

_____. *Brandwashed*: o lado oculto do marketing. São Paulo: HSM Editora, 2012.

MARIOTTI, H. *Pensamento complexo*: suas aplicações à liderança, à aprendizagem e ao desenvolvimento sustentável. 2 ed. São Paulo: Atlas, 2010.

MENTZER, J. T.; MYERS, M. B. & STANK, T. P. (eds.) *Handbook of Global Supply Chain Management*. Thousand Oaks: Sage Publications, 2007.

MILLER, G. *Darwin vai às compras*. São Paulo: BestBusiness, 2012.

Mobile Eye Traking. Disponível em: <https://www.youtube.com/watch?v=SQxrsUX-qKCM>. Acesso em: 13 ago. 2015.

MOUNTIAN, S. *O criador no mundo empresarial*: as dimensões a serviço do gestor. São Paulo: Conex, 2007.

Náufrago: product placement. Disponível em: <https://www.youtube.com/watch?-v=fFFX-bgVmy4>. Acesso em: 13 ago. 2015.

Neuromarketing: a week in Science (24 jan. 2014). Disponível em: <https://www.youtube.com/watch?v=Td3_ONS1krM>. Acesso em: 13 ago. 2015.

Neuromarketing: documentário. Disponível em: <https://www.youtube.com/watch?v=6jf5gQadpkM>. Acesso em: 13 ago. 2015.

Neuromarketing Jurgen Klaric Mexico. Disponível em: <https://www.youtube.com/watch?v=rM-4lBpoFag>. Acesso em: 13 ago. 2015.

Neuromarketing lets advertisers inside your brain. Disponível em: <https://www.youtube.com/watch?v=r9eW7CM6ZAg>. Acesso em: 13 ago. 2015.

OGDEN, J. R. & CRESCITELLI, E. *Comunicação integrada de marketing*: conceitos, técnicas e práticas. São Paulo: Pearson Prentice Hall, 2007.

O Gigante Não Está Mais Adormecido (Keep Walking, Brazil). Disponível em: <https://www.youtube.com/watch?v=YXHOHatGOwo>. Acesso em: 17 ago. 2015.

OLIVEIRA, S. L. I. *Desmistificando o marketing*. São Paulo: Novatec, 2007.

Pepsi Commercial HD – We Will Rock You (feat. Britney Spears, Beyonce, Pink & Enrique Iglesias). Disponível em: <https://www.youtube.com/watch?v=W7jkygJ_QNo>. Acesso em: 18 ago. 2015.

PERUZZO, M. *As três mentes do neuromarketing.* Porto Alegre: Alta Books, 2015.

PETER, J. P. & DONNELLY JR., J. H. *Introdução ao marketing:* criando valor para os clientes. São Paulo: Saraiva, 2013.

Philip Kotler on Innovation and Lateral Marketing. Disponível em: <https://www.youtube.com/watch?v=62TF8eJ2e74>. Acesso em: 18 ago. 2015.

Polêmicas campanhas da Benetton. Disponível em: <https://www.youtube.com/watch?v=7xuQI-DQaUw>. Acesso em: 14 ago. 2015.

PRADEEP, A. K. *O cérebro consumista.* São Paulo: Cultrix, 2012.

PRAHALAD, C. K. *A riqueza na base da pirâmide.* Porto Alegre: Bookman, 2005.

PRAHALAD, C. K. & KRISHNAN. *A nova era da inovação.* Rio de Janeiro: Campus, 2008.

PRAHALAD, C. K. & RAMASWAMY V. *O futuro da competição.* Rio de Janeiro: Elsevier, 2004.

PRINGLE, H. & THOMPSON, M. *Marketing social.* São Paulo: Makron Books, 2000.

Publicidade: respeite a faixa. Disponível em: <https://www.youtube.com/watch?v=PxlIGqMKgRE>. Acesso em: 13 ago. 2015.

RIES, A. & RIES, L. *A queda da propaganda:* da mídia paga à mídia espontânea. Rio de Janeiro: Campus, 2002.

RIES, A. & TROUT, J. *Marketing de guerra.* São Paulo: M. Books, 2006.

ROBBINS, S. P. *Administração:* mudanças e perspectivas. São Paulo: Saraiva, 2005.

ROBERTS, K. *Lovemarks:* o futuro além das marcas. Rio de Janeiro: Campus, 2004.

Roger Dooley: PubCon Speech. Disponível em: <https://www.youtube.com/watch?v=yNnm7HUXDlI>. Acesso em: 13 ago. 2015.

ROSEN, E. *Marketing boca a boca.* São Paulo: Futura, 2001.

SALZMAN, M. et al. *BUZZ:* a era do marketing viral. São Paulo: Cultrix, 2003.

SAMARA, S. B. & MORSCH, M. A. *Comportamento do consumidor:* conceitos e casos. São Paulo: Pearson Prentice Hall, 2005.

Sensory branding: the sounds of shopping – Martin Lindstrom. Disponível em: <https://www.youtube.com/watch?v=it41r3ucoZE>. Acesso em: 14 ago. 2015.

Serena Williams in that Black Skintight Number. Disponível em: <https://www.youtube.com/watch?v=jMzbKvgsj7E>. Acesso em: 17 ago. 2015.

SERNOVITZ, A. *Marketing boca a boca.* São Paulo: Cultrix, 2012.

SOUZA, J. M. de. *Empreender em mercados internacionais.* São Paulo: Saraiva, 2014.

STACEY, R. D. *Strategic Management and Organizational Dynamics: The challenge of complexity.* 6. ed. Essex: Pearson Education, 2011.

Storytelling: de arte a metodologia. Disponível em: <https://www.youtube.com/watch?v=dvS_5aZmt14>. Acesso em: 14 ago. 2015.

Super Bowl 2015 "Say my Name" Breaking Bad. Disponível em: <https://www.youtube. com/watch?v=oJRoPVwnOZc>. Acesso em: 18 ago. 2015.

Susan Boyle: Versão Completa Legendado PT BR. Disponível em: <https://www.you-tube.com/watch?v=xRbYtxHayXo>. Acesso em: 18 ago. 2015.

TALEB, N. N. *A lógica do cisne negro*: o impacto do altamente improvável. 4. ed. Rio de Janeiro: Best Seller, 2010.

TEDTalks: Seth Godin – Sobre as tribos que lideramos. Dísponível em: <https://www. youtube.com/watch?v=TsOBMv3QIBI>. Acesso em: 17 ago. 2015.

The top 10 most blatant product placement in film/tv. Disponível em: <https://www.you-tube.com/watch?v=bfysPadNzcw>. Acesso em: 13 ago. 2015.

Tobiieyetrackinginadvertising.<https://www.youtube.com/watch?v=3UAaQQOuAiw>. Acesso em: 13 ago. 2015.

Top 10 shameless movie product placements. Disponível em: <https://www.youtube. com/watch?v=bE6w5vu5dDQ>. Acesso em: 13 ago. 2015.

TROUT, J. *Diferenciar ou morrer*. São Paulo: Futura, 2000.

UNDERHILL, P. *A magia dos shoppings*. Rio de Janeiro: Elsevier, 2004.

_____. *O que as mulheres querem?* Rio de Janeiro: Elsevier, 2010.

_____. *Vamos às compras!* Rio de Janeiro: Elsevier, 2009.

VAYNERCHUCK, G. *Gratidão*. São Paulo: Lua de Papel, 2011.

Will it Blend? Iphone 6 Plus. Disponível em: <https://www.youtube.com/watch?v=l-BUJcD6Ws6s>. Acesso em: 18 ago. 2015.

Will it Blend? Neodymium Magnets aka Buckyballs. Disponível em: <https://www.you-tube.com/watch?v=5XNSKIzDPtg>. Acesso: 18 ago. 2015.

ZALTMAN, G. *Afinal, o que os clientes querem?* Rio de Janeiro: Campus, 2003.

ZYMAN, S. *O fim do marketing como nós conhecemos*. Rio de Janeiro: Campus, 1999.